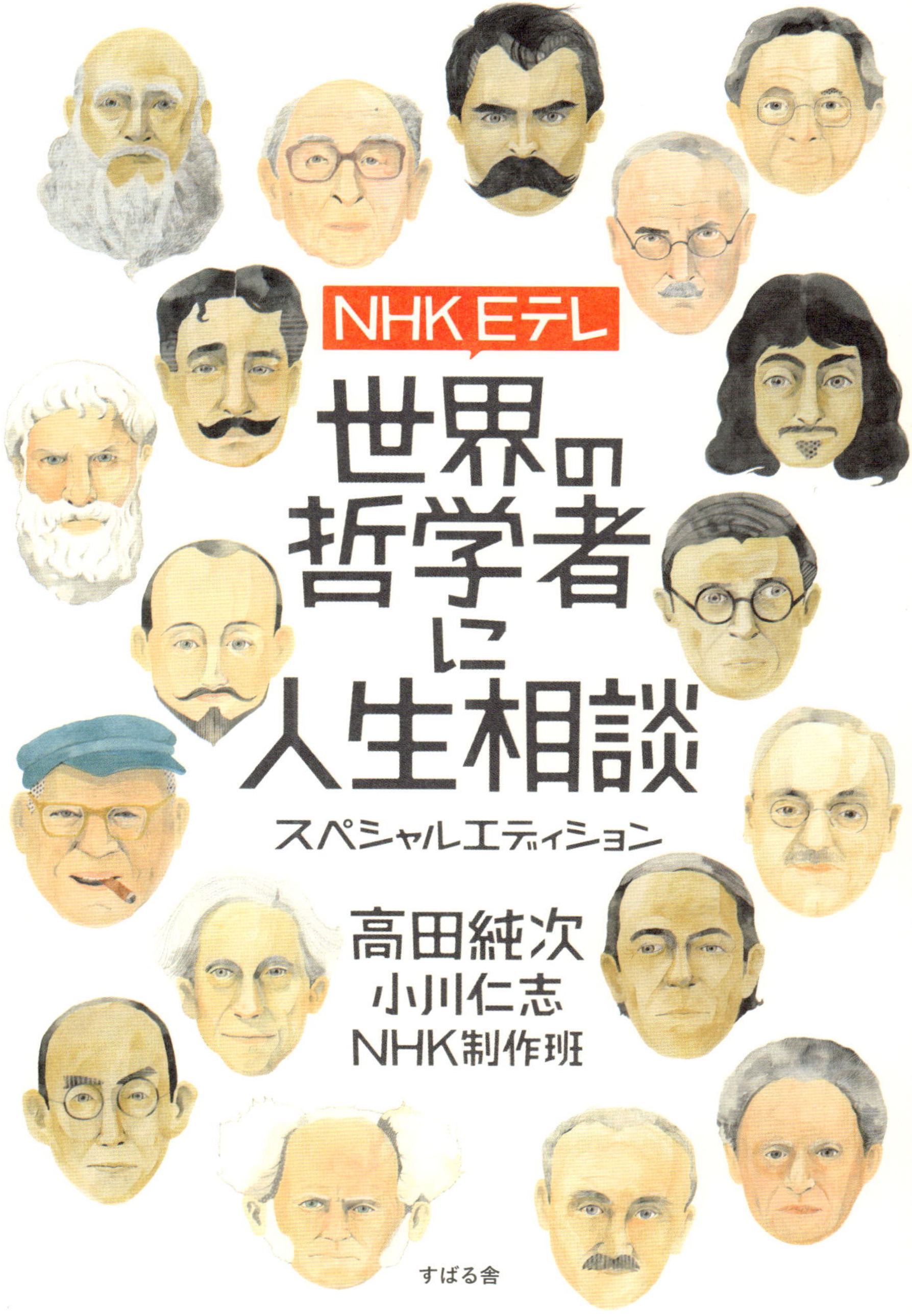

NHK Eテレ

世界の哲学者に人生相談

スペシャルエディション

高田純次
小川仁志
NHK制作班

すばる舎

プロローグ

フランスの
哲学者
デカルトにならい、

私、高田はこう言う。

我、思う。

故に、

我、

悩み
あり。

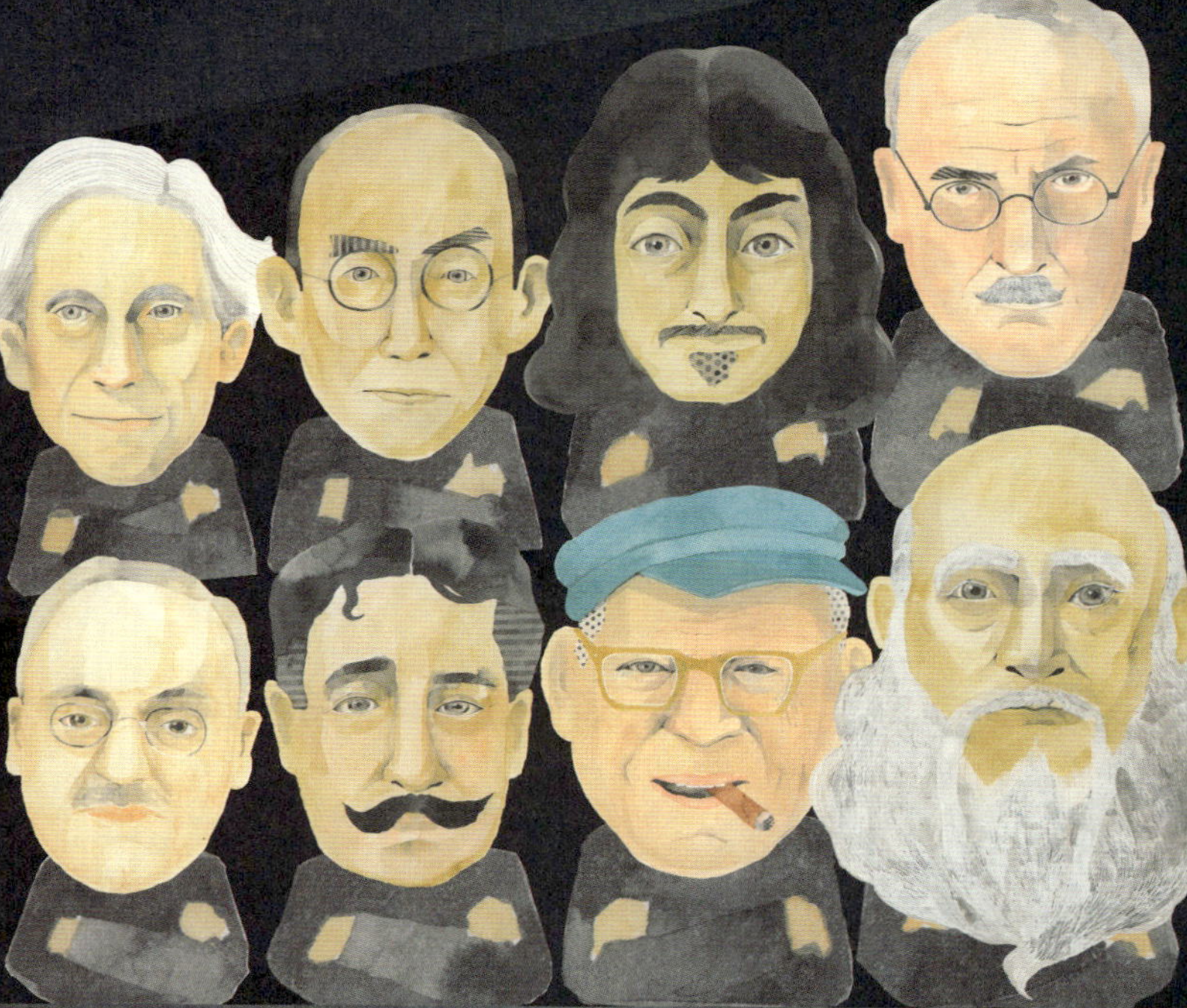

ここに集いしは、
人の悩みを
考え続けた
世界の
哲学者たち。

あなたの
お悩みを、
彼らの哲学で
解決します！

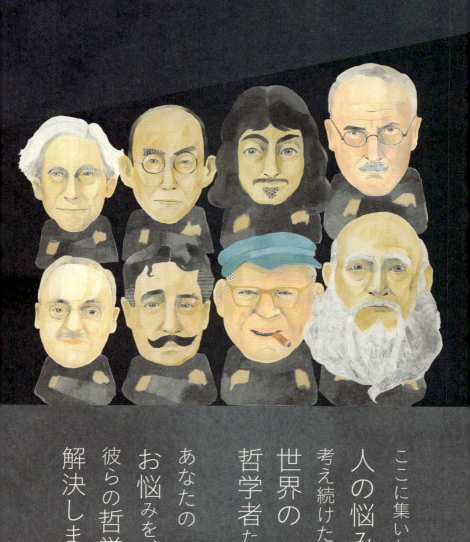

世にも贅沢な
人生相談室。
ついに紙上でも
オープン！

冒頭スペシャル対談

理想の相談相手とは？

2019年3月6日 NHK渋谷放送センターにて

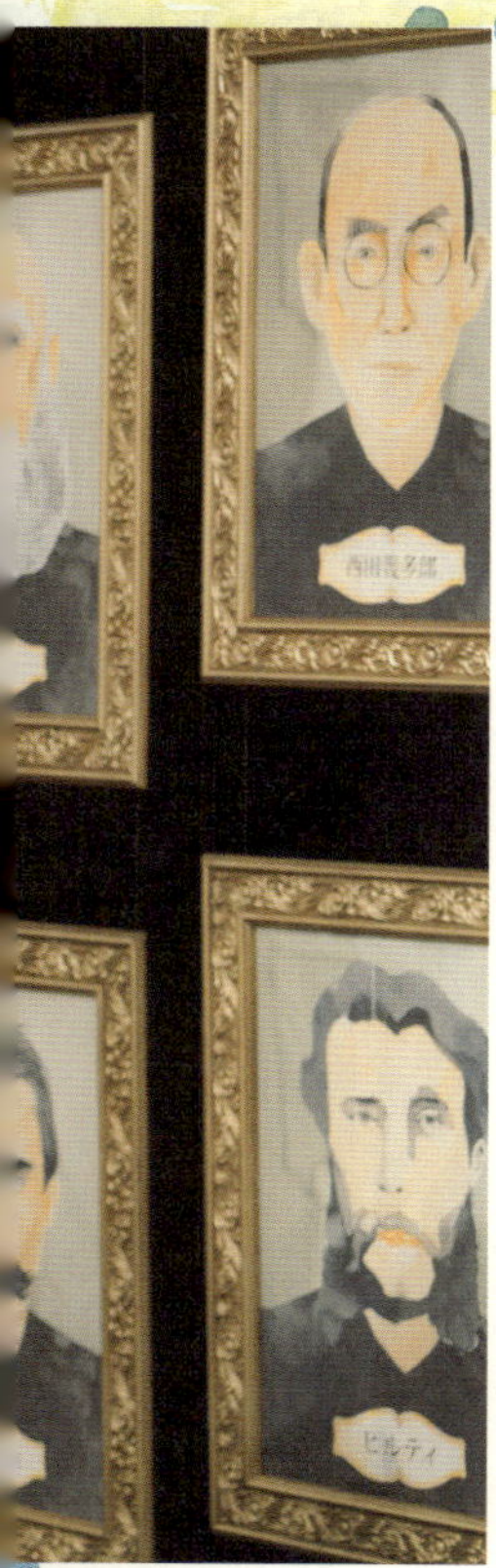

小川　人生相談室の室長として、哲学の番組を16回やってみて、いかがでしたか？　高田さんご自身、ものの見方や考え方、日常が変わったとか、何かあります？

高田　どうかなあ。今度、こういう哲学の番組をやるって言ったら、10人中6人に「お前がやって大丈夫か？」って言われましたけどね。あと4人にはね、「面

白そう」と言われ、それで残りの5人が……、あ、10人中だからもう残りはいないな（笑）。

小川　（笑）。周りから「哲学者になった」とか言われません？

高田　この番組で、少し哲学というところに近づいて、たしかに頭が良くなった気はしましたね（笑）。競馬でいえばＧⅢ《ジースリー》のレースみたいな。そこまでちょっとね、ステップアップしてきたかな。あとは……哲学者はキャバクラとか行っちゃいけないんじゃないか、みたいな。回数は少なくなりましたね。

小川　なるほど（笑）。でもこういうトークで展開する番組って、室長の高田さんとしては、毎回まとめるのが大変だったんじゃないでしょうか。しかも哲学しながらですよ。

高田　たしかに16回ようやく終わって、やっとこれで呪縛から逃れられるなという感じがあったんですけど。でもそれで、シーズン2の話があったとき、喜んでまたＯＫの返事しちゃったんだよね。

小川　どうしてですか？　しんどいこともあったかもしれないのに、またやろうっていうのは何か理由があったんですか。

高田　やっぱりね、しゃべってると楽しいしね、いろんなアイデアとか違う見方が出てくるからね。ゲストの方も意外といろいろ話してくれるじゃないですか。

小川 たしかに。みなさん考えながら自由に話されてる感じはしましたね。普通のトーク番組と違って、ゲストの方にはシナリオとかなしで、その場で頭使って考えながら話してもらってるわけですからね。

高田 ちょっと自分でも思ってなかったような考えとか、違う見方とか、そういうのがあるから、ぜひ、この本を読んでもらって、何かの参考になればうれしいですよね。

小川 そうですね。ところで高田さんって、番組では視聴者やゲストの方々のお悩みを聞いてらっしゃいますよね。でも、高田さんご自身は今どうなんですか？　本当に悩みは何もないんですか？

高田 あ、一応ね、**「悩みがないのが悩み」**だから、僕の場合は（笑）。

小川 高田さんがいつも言うそれ、ほんと名言ですよね（笑）。

高田 とはいえ、年取っちゃったしね、身体はガタが来てるしね、精神的にもあれだし、もう頭のほうもなかなか言葉が出てこないとかね、いろんな悩みはそれはもう、数限りなくありますよね。

小川 それをどうやって解決しようとされてますか？

高田 あ、もう解決してないです。

小川 え、してない？

高田 うん。だから加齢臭が強くなったときには、ちょっと香水なんかつけたり、そういうことはできますけどもね（笑）。もの忘れとか、もうしょうがないから。人間はだんだん忘れるものだから、だんだんある程度頭の中に詰まる量も決まってくるだろうから、それは少しは忘れていかないと、というね。でも、こういうふうにしゃべってると少しは活性化す

るし。

小川　なるほど。その「しゃべる」という意味では、高田さん、相談される相手っているんですか？　いわゆる、悩みを分かち合ったり、話し合ったりというような……。

高田　あ、それはいないですね。

小川　そうなんですか。昔からそうなんでしょうか？

高田　相談する人、そんないないねえ。もうほとんど友達もいないしね（笑）。

小川 そうなんですね。じゃあ、あえて理想の相談相手みたいなのはどうですか？　そういうイメージってあります？　例えば哲学者はどうですかね。人生の悩みの場合は、哲学者がそういう相手になると私は思うんですよ。

高田 そうね。やっぱり、人生の師匠は必要だからね。相談もしたいよねえ。

小川 哲学者っていろんなこと、自分自身も悩みながら考えてきた人ですから。ただ悩むだけの人っていっぱいいるじゃないですか。普通の人ね。でもその悩みをどういうふうに解決したらいいかというのを、一生懸命考えたのが哲学者なんですよね。

高田 近くに知り合いの哲学者がいりゃあね。僕も知り合いには、お医者さんとかお坊さんはいるんだけど、哲学者がいないから。近くにソクラテスがいるんだったら、そりゃ、毎日のように聞きに行ってますけどね。

小川　なるほど。たしかに今、人間の悩みとか社会の問題とか、総合的に相談に乗ってくれるところって、特にないですからね。

高田　そういえば、この間どこかの大学行って、准教授の人と話したんだけど、教授になるのは大変らしいですね。

小川　大変なんですよ。哲学なんか特にね、あんまり専門性や有用性を感じてもらえないみたいで、そんなにいらないだろうと思われてるんですよ。

高田　なるほどね。

小川　だからポストが少なくて。でも、こうやって番組やってると、「意外と哲学使えるな」って思うときもありますよね。

高田　僕がそうですもん。哲学、役に立つんじゃないかな。

小川　ああ、よかった!!

高田　だって今の時代がもう、ある意味哲学が必要になってくるよね。今はね、あまりにも、いろんな情報が多すぎて、わからなくなってきてるから。

小川　あ、たしかに。そうなんですよね。

高田　選べるものがたくさんあればあるほど、自分が

小川　そういうことですよね。もうおっしゃるとおりでね、哲学って最近人気が出てきてるんですけど、なんでかっていうと、今言われたようにインターネットだとかあるいはデータの時代だとかって言われて、情報が多すぎてね、みんなが何が本当に一番大事なのかがわからなくなってる。

どれを選びたいかわからなくなる。3つぐらいだったら簡単に選べるけど……。情報過多になってね、どうしていいかわかんないっていうのはあると思うのね。

高田 昔だったらもう選ぶものが少ないから、とにかく勉強して大学に行っていい会社に行くんだぞっていうパターンだったじゃん。今もう、ある意味なんでもアリだから。

小川 何してもいいわけですからね。複雑な時代になりましたよね。

高田 だからこそ、哲学かもよ。やっぱり哲学者はある意味ね、悩む者にとっての導く人ですよ。ある程度やっぱりそういう導く人がいないと、どうしても階段を踏み外しちゃうから。そういうわけで、もっと哲学者が、日本の哲学者が増えてくればいいなとは思いますね。

小川 そうですね。こういう番組が人気になってね。

高田 そうそう。いつまでもお亡くなりになった人に頼ってないで。

小川 ああ、なるほど！　自分たち自身がね。

高田 そう。われわれがね。もうニーチェだろうが、アリストテレスだろうが、ソクラテスだろうが、屁の河童だっていう人が、どんどんどんどん出てきてね（笑）。

小川 たしかに。そういう世の中にするためにも、まずは昔の偉人たちの「お考え」を、番組で紹介しているわけですよね。

高田 そういうことになるね。そのうえで、この番組や本が、いろんな人にとって、「相談できる哲学者」になれたらうれしいよね。

（了）

NHK Eテレ 世界の哲学者に人生相談 スペシャルエディション もくじ

プロローグ
〈冒頭スペシャル対談〉
高田純次（人生相談室室長）×小川仁志（指南役）010
理想の相談相手とは？

第1回「人を愛せない」025
第2回「孤独を抜け出るには？」039
第3回「自由になるには？」055
第4回「働くってなに？」071
第5回「満たされない心」087

第6回　「幸せになるには？」　103
第7回　「死・死別を乗り越える」　119
第8回　「憎しみを抑えたい」　145
第9回　「同級生に感じる劣等感をどうにかしたい」　157
第10回　「嫌な記憶に向き合う」　169
第11回　「人の目が気になる」　183
第12回　「老いていく自分が嫌になる」　197
第13回　「人を妬んでしまう自分が嫌になる」　211
第14回　「仕事？　家族？　中途半端な自分が許せない」　225
第15回　「自分の意見が持てない」　239
第16回　「マニュアル依存な自分。想定外に対応できない」　255
おわりに　NHK制作班　275

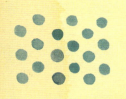

この本は、２０１８年にＮＨＫ Ｅテレで放送した番組『世界の哲学者に人生相談』の内容の一部を元に、書籍用に編集や内容の追加を行って制作しています。

第1回

人を愛せない

視聴者からのお悩み

好きな人ができない

（19歳女性）

恋愛をしてみたいのに、
そもそも
好きな人ができません。

なぜでしょうか。
教えてください。

人を愛せないし愛されたこともない

（47歳女性）

人を愛せないし
愛されたこともありません。

一人で生きていくのは
さみしいという
気持ちはあります。

どうやったら人を
愛せるのでしょうか。

高田 ということで、この人生相談室。まず最初は、「愛することがわからない」というお悩みです。

石井 これは問題ですよ。一番問題だと思う。

磯野 彼氏や彼女がいない子、今、いっぱいいるんですよね。

小川 私、大学の授業のほかにも、巷で哲学カフェというのをやっているんですが、そこでもよく話題になります。若い人から年配の方まで、「人を愛することができない」という方が、結構多いと思います。

池田 へー。そうなんだ。

高田 愛について答えてくれる哲学者っていますか？　おっフロムさん。本を手に持ってますね。どういうことなのか、早速「ご紹介」、プリーズ。

（今回のゲスト）

石井竜也
（いしい・たつや）
1959年生まれ。アーティスト。「米米CLUB」のボーカリストとしてデビュー。映画監督、デザイナーなど、多岐にわたる活動を行っている。

磯野貴理子
（いその・きりこ）
1964年生まれ。タレント。軽妙なトークとユーモアのあるキャラクターでバラエティ番組を中心に活躍。女優としてドラマにも出演。

池田美優
（いけだ・みゆう）
1998年生まれ。モデル。『TOKYO GIRLS COLLECTION』をはじめ、多数のファッションショーに出演。近年はバラエティ番組等にも出演。愛称は「みちょぱ」。

お悩みに答えてくれる哲学者

第1回
人を
愛せない

愛のスペシャリスト

エーリッヒ・フロム
（Erich Fromm）

ドイツ ☞ アメリカ 1900年～1980年

フロイトの精神分析を批判的に継承し、個人だけでなく社会全般に適用。とりわけファシズムの心理学的な起源を明らかにすることで、民主主義のあるべき姿を浮かび上がらせた。また、愛や家族といったテーマを中心に、人がよりよく生きるための方法についても論じている。著書に『自由からの逃走』、『愛するということ』等がある。

愛の大切さを説いた
フロムの人生と哲学

こちらの「ご紹介」は、哲学者の著作や発言そのままの引用ではなく、当時の時代の雰囲気や彼らの哲学をなるべくわかりやすく再現したものとしてお読みください。

時は１９００年。エーリッヒ・フロムは、ドイツのフランクフルトで生まれました。大学で、哲学や社会学を学ぶ中で、「社会のあり方と、人の行動や心」に興味を持ち、その後も研究を進めていきます。

しかし、当時のドイツではナチスが台頭。ユダヤ人だったフロムは、研究を続けるのが難しくなります。そこで、フロムは自由を求め、アメリカへと渡ったのです。

夢の国、アメリカ。１９５０年代、アメリカは資本主義による経済的発展の真っ只中にありました。しかし、フロムは暮らしていくうちに、やがてあることに気づきます。

「資本主義は、万能ではない」！

そして……むしろ、人間を豊かにするはずの資本主義が進むほど、「愛が失われていく」のではないかと。

フロムは思います。人々は、なんでも手に入る世の中になり、「愛」も同じように、自然に手に入るものと考えているのではないか。

愛することは技術である

エーリッヒ・フロム（Erich Fromm）

「現代社会に生きる人々は、成功、名誉、富、権力、これらを達成する『技術』を手に入れるために、ほとんどすべてのエネルギーを費やしている」

「人々は、『愛』よりも他のもののほうが重要だと考えている。どうして『愛するという技術』を学ぼうとしないのか」

こうした考えを記した彼の著書が、『The Art of Loving』です。直訳すると「愛する技術」であり、世界中ではもちろんのこと、日本でも『愛するということ』というタイトルで、多くの人に読まれています。

「愛するということ」は決して自然に手に入るものではなく「技術」である。

みなさんは、どう考えますか？

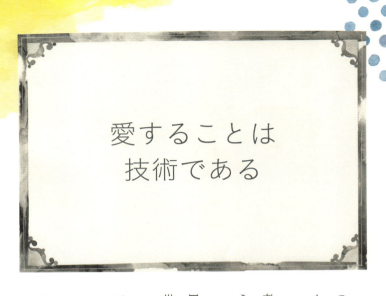

高田 どう？「愛とは技術」。なんだか難しそうだけど。

磯野 私は、愛に技術なんて、そんなのいらないんじゃないですか？って思う。愛って、もっと、自然に身につくことなんじゃないかなって。

池田 なんか技術を持っている人のほうが嘘っぽい。モテる人って、すごく口説き方がうまいとか、そういう感じってちょっと……。

小川 フロムが言っている技術というのは、それとはちょっと違うんです。恋愛マニュアルとか、モテるためのマニュアルではないんですよね。この技術っていうのは、**愛するということにどう向き合うか**、その心構えのことなんです。

高田 うーん。それ、いったいどういうことなんでしょうね？　もう少し深めてみましょうか。さらにフロムさんの「お考え」、プリーズ！

お考え
プリーズ

愛は「落ちる」ものではない「自ら踏み込む」ものである

フロム

エーリッヒ・フロム（Erich Fromm）

高田 よく「恋に落ちる」って言うけど、そういう受け身じゃなくてっていうことかな。

磯野 白馬の王子様を待っていてはだめ。でも、自分から誰かを愛したくても、好きな人が欲しくても、そもそもそういう出会いがない場合はどうすればいいんでしょう？

小川 そこが踏み込みどころだと思うんですよ。

池田 私の場合は、いわゆる一目惚れってないです。だいたい何年か友達で、そこから恋愛。好きになったら自分から踏み込みます。

高田 さらに「お考え」があるみたいです。

お考え
プリーズ

愛とは特定の人間に対するものではなく世界全体に対する態度や性格の方向性である

フロム

高田　さて、どうします。愛って特定の人に対してのものじゃないんだって。

小川　一人の人を愛するために世界を愛するって、どういうことでしょうね？

磯野　私が思うに、世界全体を考えるのは広すぎるかも。でも、ご近所さん、コンビニの店員さん、八百屋さん、会社の上司とか部下とか、**自分の周囲の人を愛する**、ということはできるかな。

石井　たぶん、フロムが言いたかったことって、愛が生まれることは、どこにでもある、ということのような気がします。

解説

貴理子さんがおっしゃったことを絵にすると……

隣の人や、コンビニの店員さん、
会社の仲間、それに、動物や植物など、

身の回りのいろいろなものを
愛することならできるかな、と。

実はフロム、
これができると、自然に特定の人も愛することができるようになりますよ、
と説いたのです。

エーリッヒ・フロム（Erich Fromm）

まとめ

「愛する力」を高めるには？

愛とは技術である。そんなふうに言われると、たしかに抵抗があるかもしれません。ゲストのみなさんの反応もそうでした。みちょぱさんは「技術を持ってる人のほうが嘘っぽい」とも言われてましたね。私も思わずうなずいてしまいました。でも、哲学はそうした自分の日常の感じ方からふと抜け出して、物事の意味を探究し直すところに醍醐味があります。

普段私たちは、愛なんて自然に生じるものだと思い込んでいます。だから恋に「落ちる」なんて表現があるんですよね。でも、フロムはそうは考えません。恋に落ちるのではなくて、自分から踏み込むものだと言います。運に頼っていると、いつまで経っても愛に巡り合えないかもしれませんから。そう言われると、積極的にならないといけないように思えてくるはずです。

では、愛に踏み込むためには、いったいどんな技術がいるのか？ フロムの答えは簡単です。それはなんでもいいので、身の回りの何かを愛してみることです。物でもペットでも結構です。人を愛するのは大変でも、それならできるのではないでしょうか。

実は愛というのは一つのものであって、異性に対する愛も、隣のおばさんに対する愛も、通りすがりの見知らぬ人への愛も、ペットに対する愛も、花を愛《め》でることも、どこかでつながっているのです。フロムはそのことを、「愛については分業はできない」と表現しています。とするならば、逆に貴理子さんが言われていたように、世界全体を考えるのは大変でも、自分の周囲の人を愛することから始めてみればいいのではないでしょうか。

別に異性への愛にこだわらず、自分のできるところから愛の力を高めていくことで、異性への愛も同時に良い方向に向かうということです。しかも知らない間に。愛には技術がいるけれど、それは決して難しいことではないのです。

ただし、技術という以上、練習がいるのは間違いありません。ここは番組ではじっくり触れられませんでしたが、フロムはその方法についても具体的に紹介しています。①まずはナルシシズムを克服し、「人を客観的に見る練習」が必要です。つまり、自分中心ではいけないということです。そのうえで、②「他者や自分を信じる練習」をしなければなりません。③「あえて危険を冒す勇気を持つ練習」も必要です。そして何より④「何事にも能動的になる練習」です。趣味でも仕事でも、面倒がる習慣は恋愛にも影響を及ぼすということです。

日ごろからこうした練習をしていれば、正しく相手を見、そしてその人を信じ、何より自分を信じて、勇気をもって積極的に愛に踏み込むことができるに違いありません。（小川）

第2回

孤独を
抜け出るには？

相談者からのお悩み

会社に馴染《なじ》めず、友人もできない（24歳男性）

上京してきた新入社員です。

なかなか周囲に
馴染めず友人もできません。
週末は家に籠もって
ネット三昧……

このまま一生
孤独かと思うと
不安になります。
私はどうしたら
いいのでしょうか？

高田 この孤独っていうのが、今の若い人にはどれくらい浸透しているんでしょうね？

石井 そうそう。俺たちの世代、中年から見ると、本当に今の若い奴らは孤独なのかな？って思うわけ。

池田 やっぱりネットって逃げ場だと思うんですよ。友達ができるし、たとえ友達がいなくてもチャットとかでやりとりができたりするので。ネットに逃げちゃってるのかな？

磯野 でもさ、みちょぱ。ネットで「友達ができるし」って言うけど、そんなの友達じゃないでしょ？

高田 これに答えてくれる哲学者、おや、レヴィナス。聞いたことない人ですけど。どんな人なんでしょうね。早速、「ご紹介」プリーズ。

（今回のゲスト）

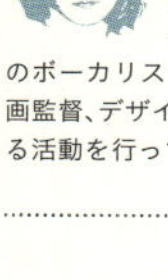

石井竜也
（いしい・たつや）
1959年生まれ。アーティスト。「米米CLUB」のボーカリストとしてデビュー。映画監督、デザイナーなど、多岐にわたる活動を行っている。

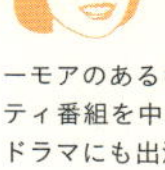

磯野貴理子
（いその・きりこ）
1964年生まれ。タレント。軽妙なトークとユーモアのあるキャラクターでバラエティ番組を中心に活躍。女優としてドラマにも出演。

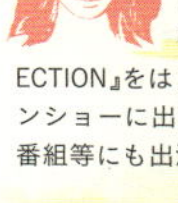

池田美優
（いけだ・みゆう）
1998年生まれ。モデル。『TOKYO GIRLS COLLECTION』をはじめ、多数のファッションショーに出演。近年はバラエティ番組等にも出演。愛称は「みちょぱ」。

お悩みに答えてくれる哲学者

第2回
孤独を抜け出るには?

孤独のスペシャリスト

エマニュエル・レヴィナス

（Emmanuel Lévinas）

リトアニア ☞ フランス1906年～1995年

ナチスの虐殺によって多くの親戚を失った経験から、他者の存在を尊重することを訴える。特に一人ひとり異なる他者の「顔」に着目し、他者との関係性や倫理について論じた。また、イリヤという概念によって、孤独から抜け出すための思想を説く。著書に『全体性と無限』、『存在するとは別の仕方であるいは存在することの彼方へ』等がある。

壮絶な孤独と向き合った レヴィナスの人生と哲学

20世紀に活躍した哲学者、エマニュエル・レヴィナス。１００年ほど前、リトアニアで生まれました。両親は、書店を営む裕福なユダヤ人。何不自由なく育ちます。

哲学に興味を持ったレヴィナスは、フランスに留学。その後結婚し、幸せな生活を送っていました。

ところが33歳のとき、ナチスドイツ侵攻による第二次世界大戦が勃発します。

レヴィナスの家族や友人は、収容所へ。そして、そのほとんどが処刑されてしまったのです。親しい人々を失ったレヴィナス。これまでにない「孤独」に襲われます。

レヴィナスが考えた孤独の原因は、単に「独りぼっちになった」ということではありませんでした。

それは、心の中にありました。

最初、レヴィナスは、家族や友人がいて、お互いになんでもわかり合える世界にいました。

しかし、その世界の人たちはいなくなります。

イリヤ

エマニュエル・レヴィナス（Emmanuel Lévinas）

見知らぬ人々だけが住む世界。そこは自分が悲しみに暮れているにもかかわらず、まるで「何事もなかったように」平然と続いていました。

このとき見えた世界。自分の周りには、人格や感情、表情もなく、ただ立っている人々。「顔」すらもない「ただあるだけの存在」になった人々の姿でした。

この世界をレヴィナスは、「イリヤ」と名づけました。

「イリヤ」とは、フランス語で「〜がある」という意味。自分とは関係なく、ただ存在するだけの世界です。

高田 何、これ?

池田 これがイリヤってこと? 顔も何もない、見えなくなっちゃうみたいな。こわーい!

磯野 **そこにいるけど関係ない**っていうか……。

石井 こんなところで言うのは、なんなんですけど……。実は、ある程度多額の借金を抱えてどうしようもなくなった時期があるんですよ。で、これ（手首を切る）やろうと思って。もうお風呂に入っても家のどこにいても刃物しか見えないんですよ。

全員 エーー!

石井 そういう時期があって、そのとき描いた絵があるんです。20枚くらいありますけど、そのとき描いたやつ、**全部、顔が描けないんです**。描けない、描きたくない。なんていうんですかね、人格じゃないですか、人の顔って。それがあってほしくないんですよ。逆に自分のこともほっといてほしいし。

高田 それって、描こうとしてるのに、描けない感じ？

石井 はい。最後にバーッて白で塗りつぶして。そんな状況のときに、千人、二千人の前で歌ってごらんなさい。恐怖ですよ。で、それで家に帰ってきて何考えます？　死にたくなりますよ。そういう状況のときには、人って、周りの人間が見えなくなるんじゃないかと。

全員 エーー。うーーん。

高田 では、そんな孤独から抜け出すために、レヴィナスが考えたこととは？「お考え」、プリーズ！

エマニュエル・レヴィナス（Emmanuel Lévinas）

お考えプリーズ

孤独から抜け出るために他者の顔を見つめることから始めよ

レヴィナス

高田 これ、石井さんの体験に似てるんじゃないですか?

石井 すごくわかる。

池田 言葉の意味はわかりましたけど、意外と簡単?と言ったらなんなんですけど……。

磯野 全然わからない(汗)。わかってる!? みちょぱ、これの本当の意味?

高田 人の顔って見ますか? 貴理子さん。

磯野 私、見ないんです。下ばっかり向いてるんです。だからよく10円とか拾います。

解説

さて、レヴィナスが唱えた「他者の顔を見つめる」こと。これをすると、いったい何が起きるのでしょう？

レヴィナスは「顔は他者への一番近い入口」だと考えました。その「他者の顔」を見ようと意識すると、

「のっぺらぼうのようなもの」から
「顔」が生まれ、
一人の人間に戻ってくるように感じる、

と言うのです。

エマニュエル・レヴィナス（Emmanuel Lévinas）

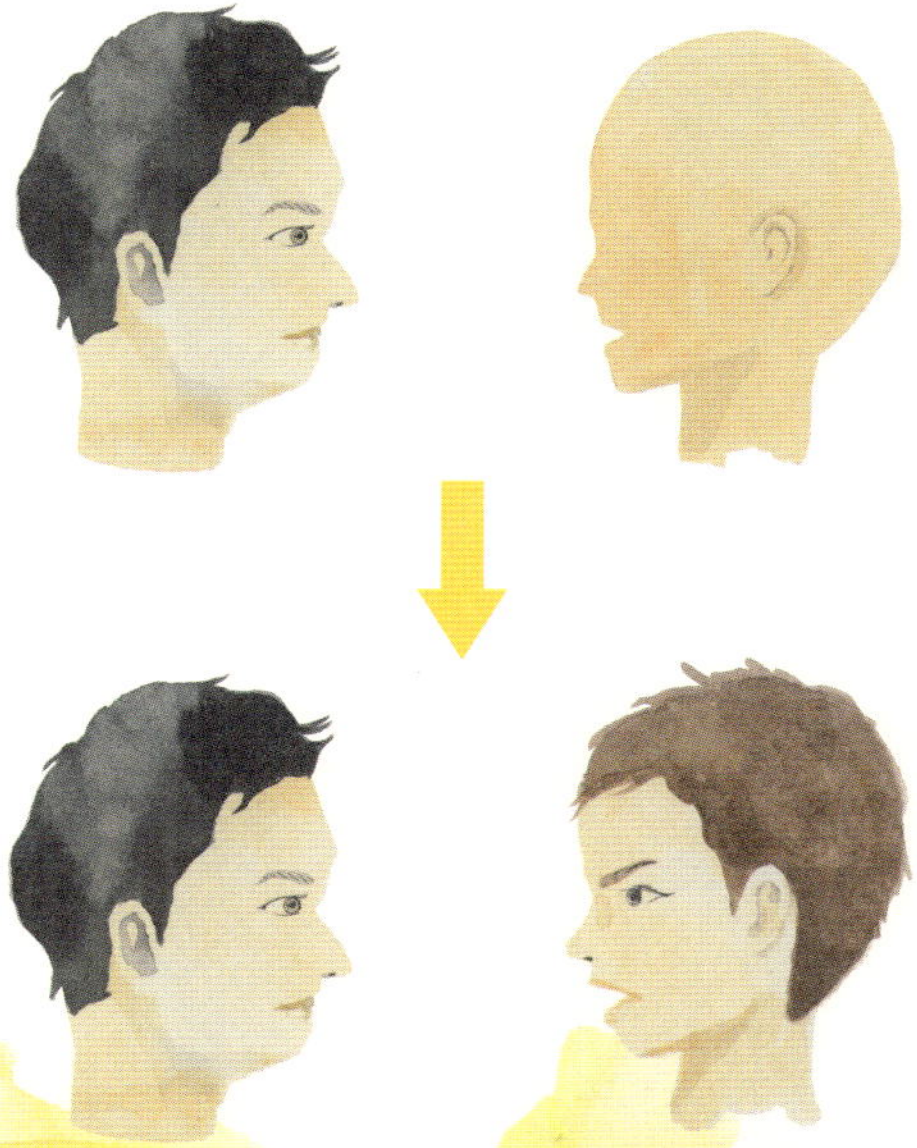

哲学ワーク

他者の顔を見つめる

ではここで、他者の顔を見つめる実験！　実際にやってもらいましょう。

設定は、高田商事のオフィス。ゲストのみなさんは、休憩時間に楽しくトーク中。
でも引っ込み思案の貴理子さんは会話に参加できません。
そこで**トーク中の同僚の誰か一人を選んで、その顔を、じっと見つめてもらいます。**

ここで大切なのは、一箇所をジロジロ見る「凝視」ではなく、顔全体を真っ直ぐ見つめる「直視」だとレヴィナスは言います。

時間は、60秒です。

磯野　私、石井さんのこと、じっと見ていたんですけど。いや〜すごく笑いながらしゃべってたから、楽しそうに話してるなって思って。すごく気さくな方なんだなって。

石井　気さく？

磯野　今日初めてお会いしたんですけど。見てるとだんだん、普段、何食べてるのかな？とか、意外にぬか漬けとか好きだろうなとか。ぼーっとそんなこと考え始めました。

磯野　今回のご相談の方も、やってみるといいと思う。まだ馴染めない会社の人たちの顔をじっと見てると、その人の生活みたいなものがどんどん見えてくる。

石井　今日話していて、ちょっと思ったんですけど、孤独ってその状況によって孤独になるんじゃないような気がします。**自分から孤独になっていくような気がする**。孤独を選んだ人っていうのは、孤独にしかならないんですよね。

エマニュエル・レヴィナス（Emmanuel Lévinas）

まとめ

他者の顔を見る

いかがでしたか。番組では、よりわかりやすくレヴィナスの言う孤独のイメージを伝えるために、「のっぺらぼう」に囲まれる工夫をしてみたのですが、やってみて、私自身、本当にゾクっとしました。

石井さんはその後、日ごろは寡黙なお父さんが電話で励ましてくださったことがきっかけで、再びお客さんの顔が見えるようになったそうです。

お客さんは決して「のっぺらぼう」ではなくて、一人ひとりがわざわざコンサートに足を運んでくれた顔のある人たちなんだと。それは一人ひとりの人間の生きる姿に目を向けるということにほかなりません。

孤独から抜け出るために、レヴィナスは、「顔に着目せよ」と言います。顔は一人ひとり異なるもの。そこに自分とは違う他者を発見し、みんなも同じように喜びや苦しみを抱えて生きていることに気づけばいいのです。自分とは違う他者が、この世で頑張っていることに気づけば、孤独な闘いではないと思えるはずだということです。

それだけのことかと思われるかもしれませんが、案外私たちは他者の顔を見ていません。電車に乗っても、スマホばかり見ているのではないでしょうか。貴理子さんが言われていたように、意識して他者の顔を見ると、その人の生活が見えてくるはずです。日々頑張って生きている姿が。みなさんも、ぜひ試してみてください。

注意が必要なのは、ここでレヴィナスは、「他者と一緒にいよう」とか、「共感しよう」というだけでは孤独は解決しないと言っている点です。なぜなら、そうした他者のとらえ方は、結局他者を自分の中に取り込もうとすることであり、自分というものにとらわれた元の悩みの状態に戻ってしまう可能性があるからです。

石井さんが孤独から抜け出せたのも、誰かに悩みを打ち明けたり、同情してもらったりしたからではありません。お父さんの言葉をきっかけに、もう一度、お客さん一人ひとりの顔を見つめ直そうと思い、自分から他者の存在に応答する力を取り戻したからにほかなりません。

だからこそ再び、コンサートに足を運んでくれたお客さんに感謝し、その声に応えられるようになったのだと思います。他者の存在を認め、他者を理解し、他者に応答しようとする態度を持ち続けること。こうして、他者の顔を見つめる人は、もはや孤独ではなくなるということなのです。

（小川）

第3回

自由に
なるには？

相談者からのお悩み

親の言いなりに生きてきた自分（28歳女性）

私は、親が望む大学を出て、
地元で就職をしました。

でも、いつまでも自由になれず、
親から求められるものが大きくなって、
押しつぶされそうです。

自由を獲得するには
どうしたらよいのでしょうか？

いとう 17、8歳のとき、同じような思いをしてました。親の敷いたレールを歩いてるのは自由じゃないって。

高田 この方は、親に勧められた大学を受けて受かって、地元に就職したわけでしょ。っていうことは、今、地元で親と住んでるのかもしれないですね。

ヒロミ 実家かもしれないですよね。うん。つまり、自由になりたい、というか、つまり実家を出たい。

益若 親が望む大学を出た、もうその時点で、自由を奪われてる、ということでしょうか。

高田 自由について答えてくれる哲学者、いる？ 難しいかな。あ、いた、サルトル。早速、「ご紹介」プリーズ！

（今回のゲスト）

いとうあさこ
（いとう・あさこ）
1970年生まれ。お笑いタレント。尾崎豊に憧れ、19歳で家出。下積み時代には、多数のアルバイトを経験。現在はバラエティ番組を中心に活躍中。

ヒロミ
（ひろみ）
1965年生まれ。タレント、司会者、実業家、レーシングカードライバー。26歳で所属事務所から独立し、自身の事務所を設立。妻は松本伊代。

益若つばさ
（ますわか・つばさ）
1985年生まれ。モデル。読者モデルとして人気を博し、着用した服やアクセサリーが飛ぶように売れた。現在はタレントとしても活動。1児の母。

お悩みに答えてくれる哲学者

第3回
自由になるには?

自由のスペシャリスト

ジャン＝ポール・サルトル

（Jean-Paul Sartre）

フランス1905年〜1980年

パリ高等師範学校を首席で卒業。ボーヴォワールと、生涯正式に結婚することなく「契約結婚」を続けた。刺激的な小説や戯曲を世に問い続け、ノーベル文学賞に選出されたが、権威を嫌い受賞を辞退。実存主義を唱え、自ら人生を切り開くことを訴えると同時に、実際にデモに参加するなど思想を実践した。著書に『存在と無』、『嘔吐』等がある。

自由をとことん追求した
サルトルの人生と哲学

サルトルは１９０５年、フランス・パリで生まれたシティボーイ。哲学者としてはもちろん、小説家や劇作家としても活躍しました。そのスタイルは、カフェに入り浸り執筆活動を行うという新しいものでした。生涯で記した作品は、50作以上。そこに込められた「自由の精神」は、文学界に多大な影響を与えました。

１９６４年、サルトルは59歳のとき、ノーベル文学賞に選出されます。

しかし！　なんと受賞を辞退したのです。

プライベートでも、自分の価値観を貫き通すサルトルの姿勢は、変わりません。同じ哲学者であり恋人だったボーヴォワールとは、入籍することなく、パートナーという形で一生を添い遂げたのです。いわゆる〝契約結婚〟。当時としては斬新なことでした。

やることなすこと、自由でかっこいい。そんなサルトルが自由について語った有名な言葉がこちらです。

みなさん、どういうことだと思いますか？

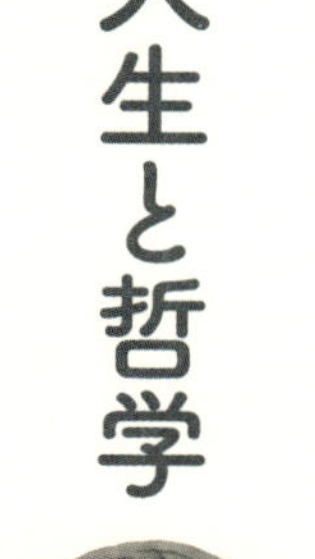

人間は
自由の刑に
処されている

ジャン＝ポール・サルトル（Jean-Paul Sartre）

高田　どう？「自由の刑」に処されるって？　うーん。やっぱり自由という名の束縛みたいなものかなあ。

益若　自由って、いいことじゃなくて、「刑」？

いとう　たしかに、**自由にって言われると、困る**ことありません？

ヒロミ　さっきの相談もそうだけど、親が決めたって言ってるけど、じゃあ「自由にどうぞ」って言われたら、意外と動けないかもよ。

小川　刑ってネガティブに聞こえがちなんですけど、そうではなくて、人間っていうのは、自由を宿命づけられているということです。それで自由を選んだら、今度はその責任を負わなければいけないという、その**自由の重さ**。これを言ってるんですね。

ヒロミ 僕は若いときにプロダクションから独立したんですよ。そしたら、そのほうが逆に仕事をしなきゃいけなくなって、意外と自由がなかった。自分で会社作ってやるとなると、もう、自分が働かなきゃいけないから。フリーなんかになるもんじゃないよ。

全員 (笑)。

ヒロミ 一番大変なのが、揉《も》めたときに自分が出ていかなきゃならないこと。自由を求めてフリーになったんだけど、そのためには自分で自分のために戦わなくちゃならないからね、常に。

高田 なるほど。自由ゆえの重荷、というのがあるものなんですね。ここで、サルトルさんが、もう一つ伝えたい「お考え」があるみたいです。それでは、プリーズ。

お考えプリーズ

実存は本質に先立つ

サルトル

ジャン＝ポール・サルトル（Jean-Paul Sartre）

解説

この言葉、聞いただけでは、どういうことなのか、わかりませんよね？

そこでここでは「実存」という言葉を「存在」に、「本質」という言葉を「役割」に置き換えてみます。

「存在」は「役割」よりも先にある。

つまり、まずは「存在」があってあとから「役割」がついてくる。これは、人間のみに当てはまる自由についての定義です。

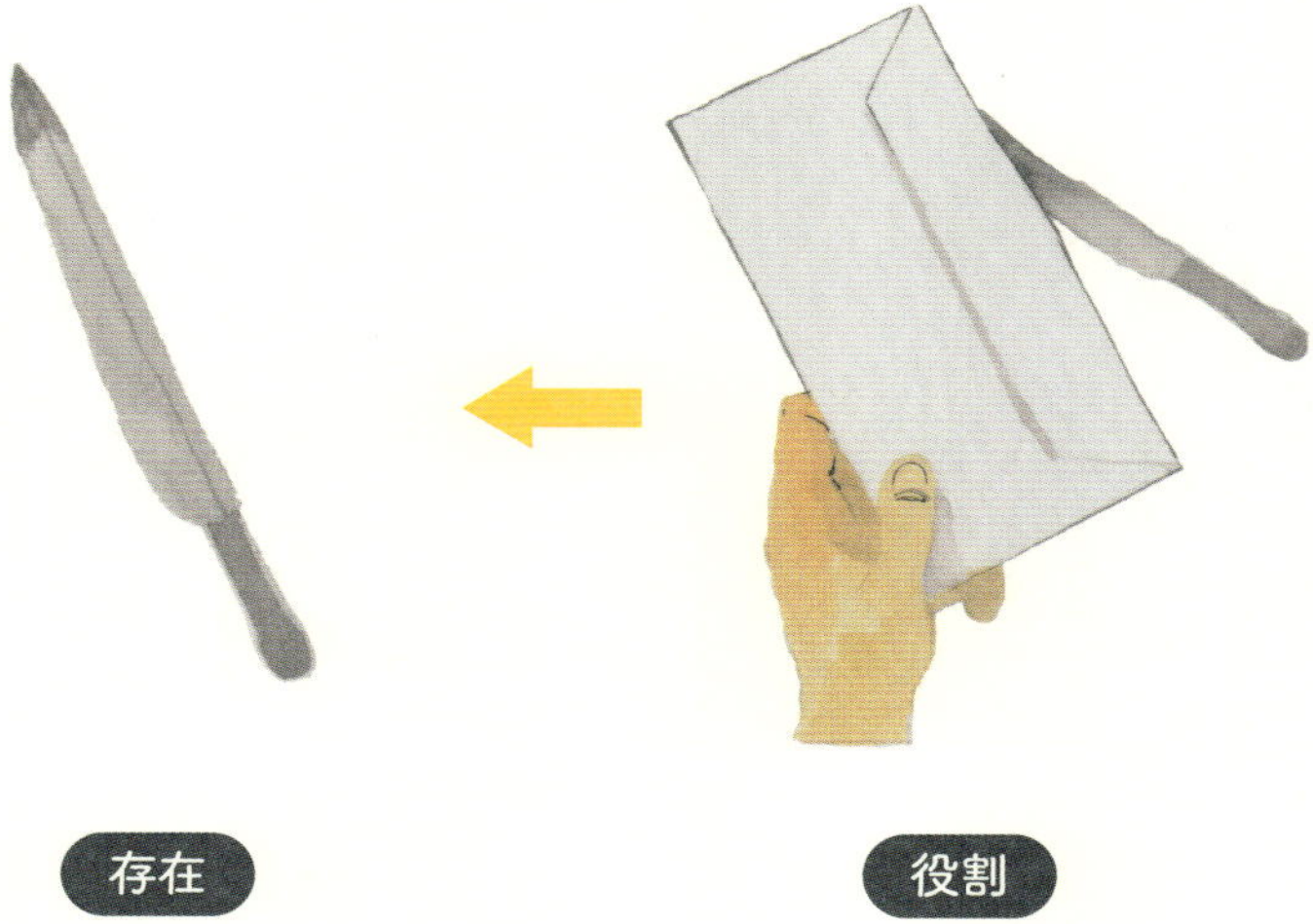

例えば、ペーパーナイフの場合で考えてみましょう。

ペーパーナイフは、「紙を切る」という役割のために作られたものです。

つまり、まず「役割」があり、あとから「存在」がついてきました。

同じように、電話、椅子、橋、車などすべてのものは、まず役割があって存在するのです。

しかし、「人間だけは違う」とサルトルは唱えます。

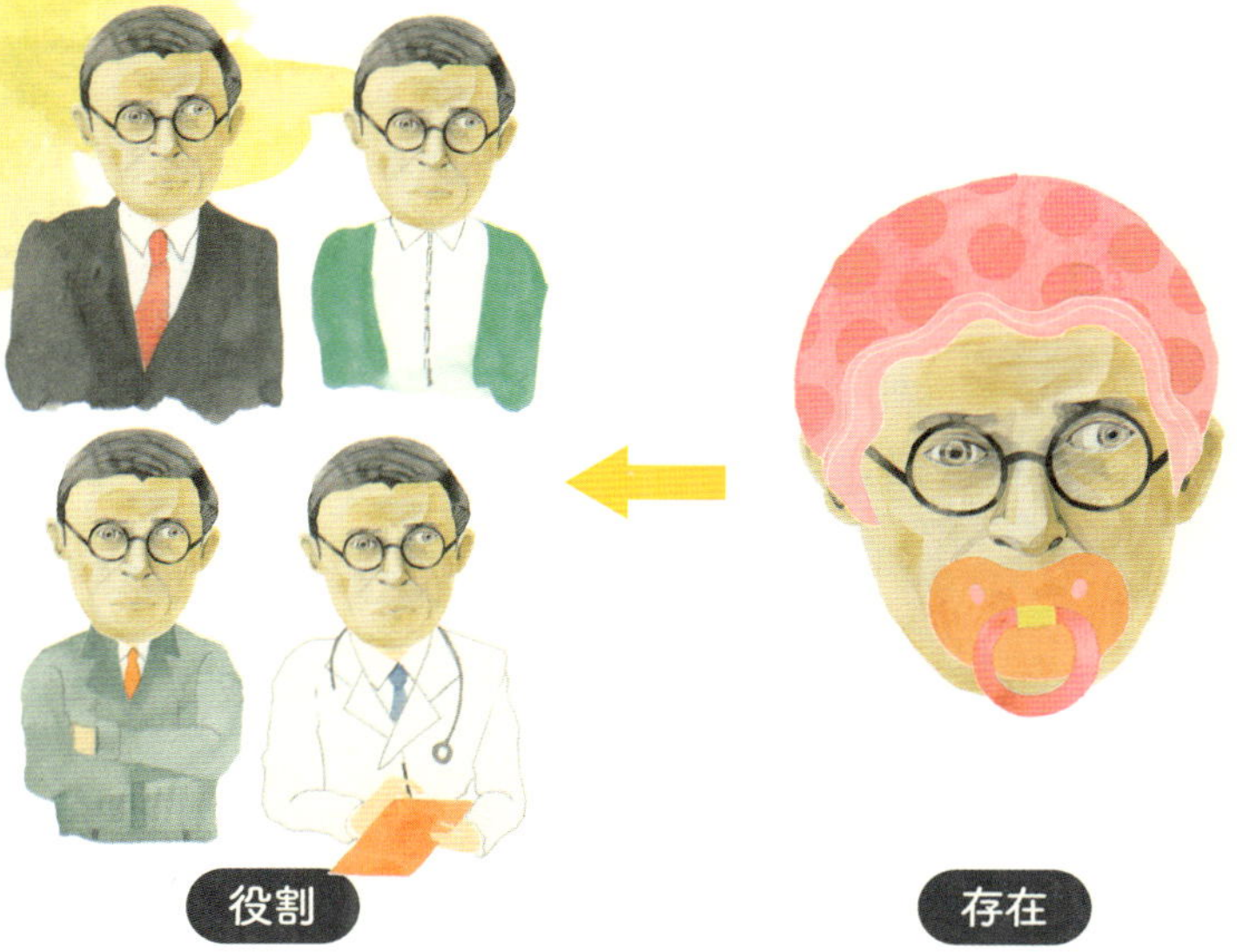

ジャン＝ポール・サルトル（Jean-Paul Sartre）

人間はまず、赤ちゃんとして空っぽの状態でこの世に生まれます。

これは先に「存在」するということ。
そして、生きていくなかで自分自身の「役割」を形作っていきます。

つまり人間だけは、最初から役割が定められているのではなく、自分で自由に選択し、役割を見つけていくのです。

「実存は本質に先立つ」。

「自由に生きること」に対するサルトルの「お考え」、いかがですか？

小川　どうですか、何か人生の選択で、思い当たることありますか？

益若　私、読者モデル出身なんですけど、初めて撮影をする2日前に事故に遭いました。歯がグチャグチャになってしまって、もう諦めようかと思ったんです。でも、やっぱり、頑張ったほうがいいと周りにも言われて。それで仮歯のまま撮影して、雑誌に載ったら、入院していたおじいちゃんが喜んでくれました。あのとき諦めなくて本当によかったです。

いとう　高校へ行くときに、ピアノを専門にやっていきたいと親に話したんです。でも、そんな難しい世界に行って苦労してほしくない、普通に生きてほしいと言われて。当時は「親のせいで人生変えられた私」なんて感じてました。でも、本当にやりたかったら、自分が説得すればいいだけなんですよね。

高田　俺は、大学落ちたとき、どうしようかと思ったけど。2年にわたって10校受けて全部落ちた。でも、問題と俺の勉強したところが違ってたから、誰のせいにもできなくて、しょうがなかったんだけど（笑）。

ヒロミ　だけど、その落ちたことも、結局、良かったことですもんね。

高田　そう。そういうふうに考えるだけでも、ちょっと変わってくるよね。

ヒロミ　人生って、俺も50年生きてるから、嫌なこともあるじゃない。でも、嫌なことがないと、今がないじゃない。「あのときのあれがないと、こっちに来てない」とかあるから。

高田　流されて来てるのもあるけど、ある程度、どこかでは自分で選択してるもんね。だから、納得するしかないもんな。ヤダって言ったって、俺も残り少ない日々になっちゃって、どうしようもない。だから、選択だね。残り少ない日々をいかに自分で納得して選択していくかだよね。

ヒロミ　それに、本当に自由になるってことは、責任もいろいろ出てくるから、その覚悟を持たないといけない。**自由って結構自由じゃないからね。**

ジャン＝ポール・サルトル（Jean-Paul Sartre）

まとめ

本当の自由とは？

自由が「刑」だというのには、ゲストのみなさんも一様に驚かれてましたね。たしかに何をしてもいいと言われると、人は困るものです。でも、人間の人生はモノとは違ってまさに選択の連続なのです。

サルトルはそのことを「実存は本質に先立つ」という有名な言葉で表現したわけです。この世に誕生した瞬間から役割の決まっているモノとは対照的に、人間の場合は常に成長していく。それはその都度自分が選択をしていった結果だということです。

何を食べるか、何を勉強するかということから始まり、どんな仕事をするか、誰と生きるか、どこに住むか等々、すべて私たちは選んでいかなければならないのです。その選択の過程では悩むこともあるでしょう。でも、その悩みが私たちを成長させるのです。

お悩みの方もそうでしたが、誰かに人生を決められているように思えるときでさえ、実は自分でそれに従うということを決めているのです。もちろん、どうしても自分の意志だけでは変えられないこともあります。

サルトルもそのことは承知しています。彼自身、戦争に駆り出され、自由にしたくてもできないことがありました。だから実際には、人間は与えられた環境の中で、最大限あがくよりほかないのでしょう。

ただ、それでも諦めてしまうのと、あがき続けようとするのとでは大きな違いがあります。サルトルは「アンガージュマン」という言葉を使って、そのあがきについて論じています。この言葉は、積極的参加といったような意味です。

社会はそう簡単に変わりませんが、サルトルが果敢にデモに参加し、声を上げ続けたのは、アンガージュマンの実践だったのです。

最後にヒロミさんがこう言われてました。自由には責任が伴う。その覚悟が必要だと。これは大変重い言葉だと感じました。究極のところはそこなんだと思います。つまり、責任を取る覚悟があるかどうかです。

たとえ親が反対しようと、どんな環境にあろうと、責任を取る覚悟があるならやれるのではないでしょうか。人はそのとき初めて、本当の意味で自由をつかむことができるのだと思います。

（小川）

第4回

働くって
なに？

相談者からのお悩み

やりがいのない雑務ばかり

（29歳男性）

これまで
転職を繰り返し、
今は小さな不動産会社で
働いています。

でも、
今の仕事は雑務ばかりで
価値があるとは思えず、
やりがいも感じられません。

どうすれば
自分に合った仕事が
見つかるのでしょうか？

高田 という悩みなんですけど……。なんだか別に、大きな不動産屋さんに行って働けばいいんじゃないですか。

いとう それともやりたい仕事がわからないのかな。

ヒロミ そう、まだわかんないんじゃない。何が自分の天職かっていうの。

いとう ビビッときてないんですよね。

益若 今の仕事は「自分の夢じゃない」って思ってるんでしょうね。

高田 なるほど、自分の天職じゃない。天職がわからない。働くこと考えてる哲学者の人っていますか？　ホッファーさん。知らないなあ。なんだか格好が船員さんみたいな感じですが。タバコ吸って。では、早速「ご紹介」プリーズ！

（今回のゲスト）

いとうあさこ
（いとう・あさこ）
1970年生まれ。お笑いタレント。尾崎豊に憧れ、19歳で家出。下積み時代には、多数のアルバイトを経験。現在はバラエティ番組を中心に活躍中。

ヒロミ
（ひろみ）
1965年生まれ。タレント、司会者、実業家、レーシングカードライバー。26歳で所属事務所から独立し、自身の事務所を設立。妻は松本伊代。

益若つばさ
（ますわか・つばさ）
1985年生まれ。モデル。読者モデルとして人気を博し、着用した服やアクセサリーが飛ぶように売れた。現在はタレントとしても活動。1児の母。

お悩みに答えてくれる哲学者

第4回
働くってなに?

仕事のスペシャリスト

エリック・ホッファー

（Eric Hoffer）

アメリカ1902年～1983年

突然の失明とその奇跡的な回復、また子どものころに両親を失い天涯孤独になるという壮絶な人生を歩んだ。生涯、沖仲仕《おきなかし》として働きながら、著述活動を続ける。そうしたことから「沖仲仕の哲学者」あるいは「独学の哲学者」などと呼ばれる。徹底して知識人批判を行い、働くことの意義を訴えた。著書に『大衆運動』、『波止場日記』等がある。

働くことを生涯貫いた ホッファーの人生と哲学

20世紀、アメリカが生んだ哲学者。エリック・ホッファー。

１９８３年には、レーガン大統領から優れた文化人に贈られる「大統領自由勲章」を授与されたほどの人物です。

そんなホッファーのライフワークは、港で貨物船の荷下ろしを行う港湾労働者、「沖仲仕《おきなかし》」でした。

沖仲仕の彼が、なぜ哲学者に？

その背景には、「波乱の人生」がありました。

ドイツ移民の子として、ニューヨークに生まれたホッファー。

7歳のときに母親を亡くします。そして同じ年に、突然、視力を失い、失明。貧しかったこともあり、初等教育は一切受けることができませんでした。

ところが15歳のとき、奇跡的に視力が回復します。光を取り戻したホッファーは、哲学書や小説などを貪《むさぼ》るように読んでいったのです。

18歳のとき、今度は父親を亡くし、天涯孤独の身に。生活のために、各地で肉体労働を続けたホッファー。その中で「沖仲仕」という運命の仕事に出会うのです。

そして、ホッファーは、「働くこと」についての考えを、いつしか書き溜めていくようになります。

49歳のとき、ホッファーの書いたものが編集者の目に止まります。その本が、なんとベストセラーになるのです！

有名になり、大学から教授の誘いも受けたホッファー。

しかし、自分の原点である「沖仲仕の仕事」を一生涯続けたのです。

人々は、そんなホッファーを、敬意を込めて「沖仲仕の哲学者」と呼んでいます。

エリック・ホッファー（Eric Hoffer）

高田 俺も二十歳のころ、沖仲仕やったけど、きつい仕事。アルバイトでね。ホッファーさん、その仕事をやりながら、何か書いてたんでしょ？

小川 はい、仕事が終わって、家に帰ってから書いていたんです。

高田 俺なんか、働いて2千円ぐらい現金もらったら、すぐ新橋か銀座のガード下に飲みに行ってたからさ（笑）。なぜか、そういうことになっちゃうんだよね。

ヒロミ 同じことやってんのにね（笑）。いや、何十年もそういう現場で働いていて、仕事っていうのはこういうもんだっていうのがわかってる哲学者だから、ちょっと話を聞いてみたいよね。

いとう リアリティがありますよね。ずっと体を動かして働いてらっしゃった方ですから。

高田 はい。では、そんなホッファーさんの「お考え」、プリーズ！

お考えプリーズ

我々は「仕事が意義あるものである」という考えを捨てなければならない

ホッファー

エリック・ホッファー（Eric Hoffer）

高田 ホッファーさん、すごいこと言い始めちゃったね。仕事に意義はいらないと。ただ何も考えずに働きゃあいいと。そういうことですか？

小川 初めから意義みたいなものを求めたりというようなことはだめだよ、と。

ヒロミ 芸能界なんて一番わかりやすくて、女優さんになりたくても、バラエティとか。**自分がやりたいことと仕事って違う**からね。

高田 仕事に大切なことを、もうちょっとホッファーさんに聞いてみましょうか。ホッファーさんの「お考え」、プリーズ。

お考え
プリーズ

仕事にとって
大切なことは
「自由」「運動」「閑暇」「収入」
この4つの
“適度な調和”
である

ホッファー

解説

ホッファーが、大切にしたという、自由、運動、閑暇《かんか》、収入。

彼の日記には、仕事をした船の名前や労働時間とともに、この4つが頻繁に登場します。

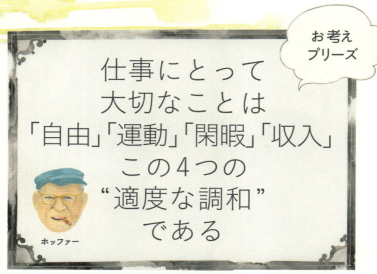

「3月13日、フリースラント号、8時間。きつい仕事だったが、あまり疲れを感じない。意気揚々とまではいかないが、何か心が軽い」

この日は、「運動」について。「肉体労働の心地よさ」を綴っています。

「10月4日、モンテレイ号、4時間。2時間ほどひといきにやる。あとの時間は用もなく立っていただけ。目下、デュラントの『文明物語』の第1巻のページをめくっている」

この日は、「閑暇」。暇な時間を過ごす楽しさについて。

「12月6日、グレースライン船、8時間半。今年はもう働くのをやめてもいいのだが、何となくそうしたくない。もう1週間働いて、あとは気楽にやるつもりである。手持ちは次のとおり、現金103ドル、小切手59ドル」

この日は、自由な仕事の気楽さ、
そして「収入」について記しています。

自分の好きな仕事を見つけ生涯こだわったホッファー。

この生き方、いかがですか？

（『波止場日記』より）

ヒロミ こういう生き方できたら楽しいだろうね。寅《とら》さんみたいな感じするじゃん。

高田 そうね。で、相談者の方は、このホッファーの考えをどう生かせばいいんでしょう。

ヒロミ どんな仕事でも、プロフェッショナルになればいいと思う。そう思うと、仕事って結構楽しくなるんじゃないかな。だから、何でもいいの。この人も、何かのプロフェッショナルになっていけば。

いとう 雑務も、例えばすごいスピードで終わって、**「部長、雑務終わりました、次の雑務ください！」**ぐらいのことやってたら、たぶん、まずかわいげもあるし。

ヒロミ **「こいつ、もう雑務じゃねえな」**ってなるよね。

高田 うん。この人は、こんなこと言ってる限り、雑務じゃない、ほかの仕事が回ってきたとしても、たぶんできないし、やりがいも感じないかもしれないよね。

哲学ワーク

仕事で大切なことは？

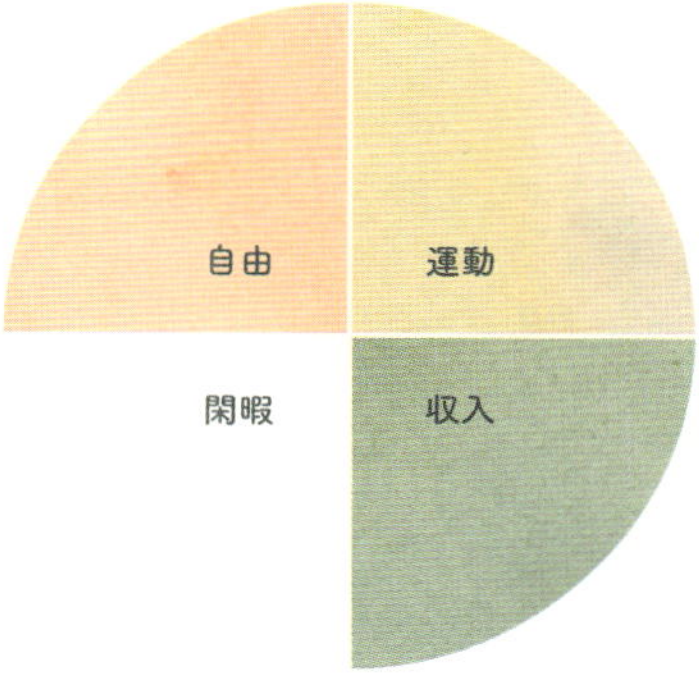

みなさんも、自分の仕事にとって大切なことの「適度な調和」について考えてみましょう。ホッファーの場合は、上のように運動、収入、閑暇、自由の４つでした。でも、これは人によって違います。

項目も数もいくつでもかまいません。上のように、**円グラフで書いてみてください**。今の仕事を見つめ直したり、自分のやりたい仕事を見つける手がかりになるかもしれません。

まとめ

目の前の仕事のプロフェッショナルになる

働くとはどういうことか？　働き方改革が議論されている中、まさにタイムリーな話題でした。登場したのは、日本ではあまり名の知られていない哲学者、エリック・ホッファー。彼の紹介はすでに前のところで十分されていますが、なんといっても自分自身が働きながら哲学してきたというところがポイントです。

沖仲士として、時に身体を動かしながら、時に休息を取りながら、そして仕事が終わった夜に哲学する。それがホッファーの理想の生活、いや、理想の働き方だったのです。でも、そんな彼も最初からその理想に巡り合ったわけではありません。いろんな経験をして、ああでもない、こうでもないという悩みの中から、やっと見つけたのです。

高田さんも沖仲仕の経験があるというのは驚きでしたが、ヒロミさんのジム経営など、芸能界のみなさんもいろんな経験があったからこそ、今の活躍があるのだなと改めて感じました。そうしてやっと理想にたどり着くのです。

面白いのは、出演者のみなさんに理想を尋ねると、割と時間のバランスを求められている点です。ホッファーが運動、閑暇、収入、自由の４つのバランスを重視していたように。いとうあさこさんが、働かなくちゃビールがおいしくないと言われてたのは、その象徴だと思います。いくら休憩したくても、ずっと休憩ばかりだと人は刺激や満足を得られないのでしょう。

ホッファーがあえて肉体を動かし、その後哲学をするという生活を送ったのもわかるような気がします。しかし、だからといってホッファーは片手間に港湾労働をしていたわけではありません。誰よりもきちんと、誰よりもうまくやっていたのです。それがプロだと思っていたからです。引退後、若い人たちの働きを見て、ダメ出しをしていたくらいです。

それは彼の哲学に向き合う姿勢にも表れています。そうでないと、独学でここまで成功するのは難しいでしょう。学校に行ったことがないにもかかわらず、名門大学から教授として声がかかったり、大統領自由勲章を授与されるほどです。実は私もこの番組がきっかけで、ホッファーに強い関心を持ちました。そのおかげで、今では大好きな哲学者の一人になっています。

ホッファーがそうであったように、そして出演者のみなさんもそうであったように、目の前の仕事のプロフェッショナルになる。それこそが成功の王道だと言えそうです。

（小川）

第5回

満たされない心

相談者からのお悩み

家事だけの人生が虚しい（39歳女性）

夫と2人の息子との
4人家族です。

朝、お弁当を
作ることから始まり
家事で一日が
終わっていきます。

妻として母として
頑張れば頑張るほど、
私の人生って
なんなんだろうと
虚しくなります。
いったい、
どうしたら
よいのでしょうか。

ユカイ 妻にはよく言われますね。育児には休暇がないんです、と。

高田 僕、ある女優さんが、お子さんが生まれたときに聞いたら、とにかく満足に寝た記憶がないって言うの。育児はね、相当大変だと思います。

遼河&最上 うーん、なるほど。

高田 満たされない心について、哲学者で答えてくれる人、いるんでしょうかね。おや、老子さん。名前は知っていますが、いったいどういう人なんでしょう。

小川 実は、老子という人は本当にいたかどうかわからない人なんですよ。孔子は会ったことがあるらしいんですけど、謎めいた人物ということです。

高田 ふうん。そんな老子さんの「ご紹介」、プリーズ！

（今回のゲスト）

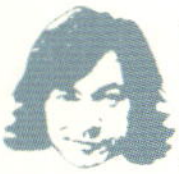

ダイアモンド✡ユカイ
（だいあもんど・ゆかい）
1962年生まれ。ロックシンガー、俳優、タレント。バンドRED WARRIORSのボーカルとしてデビュー。ハリウッド映画にも出演。3児の父。

最上もが
（もがみ・もが）
1989年生まれ。タレント。ドラマや映画、バラエティ、ファッション誌などに出演。また、自身企画の月1トークイベントを開催するなどマルチに活動中。

遼河はるひ
（りょうが・はるひ）
1976年生まれ。女優、タレント。元宝塚歌劇団月組の男役。宝塚音楽学校82期生。月組と宙組で活躍後、退団。日本舞踊の名取でもある。

お悩みに答えてくれる哲学者

第5回
満たされない心

満足のスペシャリスト

老子

（Laozi）

中国紀元前6世紀頃

春秋戦国時代の思想家で、道家の始祖とされる。後に興った道教では、老子を神聖視して教祖に位置づけている。老子という呼び名は、偉大な人物を意味する尊称。その来歴については不明な点が多く、実在性を疑問視する声もある。世界の根本原理として道の存在を説き、何もしないほうがいいとする無為自然を説く。著書に『老子』があるとされる。

満ち足りることの大切さを説いた 老子の人生と哲学

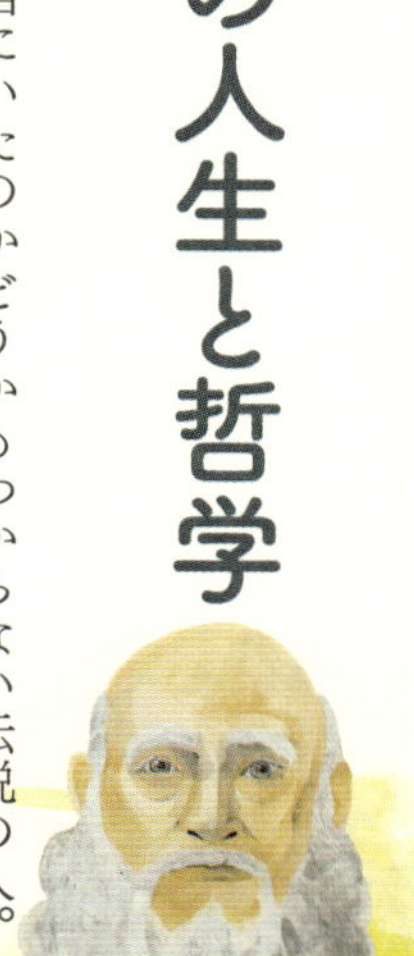

中国で有名な哲学者の一人、老子ですが、実は、本当にいたのかどうかもわからない伝説の人。

しかし、２００９年、北京在住の画家が描いた顔が、世界の老子研究家により、標準肖像画に認定されたのです。本書の老子の似顔絵もそれを元に制作しています。

それくらい今も人々に影響を与え続けている老子。謎の人物にもかかわらず、その考えは愛され、人々から人々へと伝え残されているのです。

老子がいたとされる時代は、中国の春秋時代末期。社会構造が急激に変わり、それに伴って生まれた競争社会に生きにくさを感じる人が増えていました。

そんな人たちに向けた老子の「お考え」……、

お考えプリーズ

無為

老子

それは、「達成感、嫉妬心などの欲を捨て、あえて何もするな」ということ。

〝無為《むい》〟という言葉に集約されています。

何ら作為することなく、「ありのまま」という意味。

幸せになるには、「ありのままに生きなさい」と言っているのです。

みなさんは、ありのままに生きていますか？

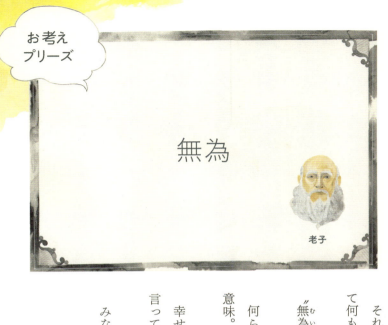

高田　「無為」ですか……これちょっと難しいですよね。

小川　無為になる、何も為《な》さないって結構大変だと思います。自分で意識してやらないと。

遼河　宝塚時代、舞台をほぼ毎日、２公演ずつ十何年間続けました。そういう意味では、常に健康状態に気を遣っていたので、ありのままには生きていなかったのかも。

ユカイ　でも集中して何かを楽しんでやっているときには、無意識になったりするじゃないですか。例えば俺だったら、ステージでロックを歌ってるときがそう。どちらかというと、そっちのほうが本当の自分、ありのままの自分に近いかもしれない。

遼河　高田さんはありのままに生きてますよね。

高田　いや、ありのままには生きてないよ。ただ生きるって感じ。自分の目標をどの辺りに持っていっていいかわからないから満たされるも何もないよ。それでは、「お考え」プリーズ！

お考えプリーズ

足るを知る

老子

最上　え！　これ、そもそも意味が。あんまりわからないです。足る？　足るを知る……満たされてることを知るってことですか？

遼河　あなたは十分満たされてるんですよっていうことに気づけっていうことですよね。

高田　分相応ってこと？　そうではない？

小川　分相応でもいいんですけれど。それだとなんとなく、妥協してるみたいじゃないですか。**「これでいいか」という妥協じゃなくて、「これがいいんだ」という納得**ですよね。

最上　でも満足したら成長が止まっちゃう!?

哲学ワーク

足りているものを考える

老子がみなさんに、まだ何か言いたいようです。
人間はとかく、「足りていない部分」ばかりに目を向けがちです。

でも……、

実は、**「足りている部分」**に目を向けてみると、いろんなものが見えてくると老子は言うのです。

足りているもの、あえて考えてみましょう。

高田　そうね、足りてるもの。

ユカイ　足りてるものか。そうだな、ギター、足りてる。うん、子どもとか。家族愛は、今は足りてると思っている。

最上　足りてるもの……友達。一人でもいるので。中学のときの同級生で、すごく仲いい子がいるんですけど、結構なんでも話せるんです。もっといろんな人に自分の悩みとかを話したいかって言われたら、その子一人で十分なのかも。そこで足りてるな、と。

遼河　私は自由が利く時間は足りてるなと思います。プラス、自分一人で妄想したり想像したりする時間も今は足りてるかなと思います。でも、「足りてるものはなんですか？」って聞かれたら、足りてないものばっかり出てくる（笑）。

高田　ああ、**足りてるものは、あえて考えないからかね**。じゃあ、これまでに何か失って、その大切さに初めて気がついたものってある？

老子（Laozi）

ユカイ　俺はね、デビューして最初の3年くらい、自分たちの思うように全部うまくいっちゃって。で、いい気になっちゃって。それでバンドも解散して。一人でもなんでもできるんじゃないかって思って、自分にとって、うるさいこと言う人をみんな切っちゃってさ。独りぼっちになって、気がついたら、結局、事務所もなくなって……。で、最後、何もなくなっちゃった。そう、自分の思いどおりにやりすぎちゃって、失った。

最上　いっぱいありますけど。例えば、もう自分の中では、ふたをしているものなんですけど、かつて所属していた、でんぱ組です。手放したくて手放したものじゃなかったので。うん。

ユカイ　本当に究極、老子の言っていた**「足るを知る」って、「失うを知る」っていうのと同じ意味があるのかな**と思ってね……それと一緒ですよね。

遼河　この相談者の方、旦那さんもいて、お子さんもお二人いて。私から見たら、家族にお弁当なんか作ってみたい、うらやましいって思いますけど。ないものねだりですかね。

最上

本当は満たされているってことに気づけないくらい、余裕がなくなっているんですよね。

それでも頑張っているんだから、頑張っている自分を褒めてあげてほしいな、と思います。

他人に褒められるのを期待して、他人の言葉を待ったりせずに、たまには自分で自分を褒めてみるといいなと思います。

老子（Laozi）

まとめ

足りているものに目を向けてみよう

日々満たされないような感覚にとらわれる。これは人間なら誰しもあることです。なぜなら、人間には欲があるからです。仕事をしていても、つまらないとか、やりがいがないとか。家事もそうです。子どもの面倒を見ていても、もっとほかのことがしたいとか。

そういう願望を抱くこと自体は悪いことではありません。そうやって人間は成長していくのですから。ないものに目を向け、それを求めていく。でも、それだけだと苦しくなってしまいます。そこが問題なのです。

ないものねだりと言いますが、あがけばあがくほど、うまくいかないことってありますよね。特に背伸びしているようなときにはそうです。中国の思想家老子によると、そんなときは、むしろ何もしないほうがうまくいくというわけです。逆転の発想ですね。それを「無為」という言葉で説いたのです。

正確に言うと、無為自然です。何もしないほうが、自ずと成るということです。同じことを上善は水の如しという表現でも語っています。物事の一番いい状態は、水のように逆らわずに流れていくことだと。

そうすると、急に心が楽になりませんか？　そこから「足るを知る」という言葉が出てくるのです。これは足りないものに目を向けるのではなく、反対に足りているもの、あるものに目を向けるということです。ゲストのみなさんにも足りているものを書いてもらいましたが、意外とみなさん、普段は意識されていなかったようです。

遼河さんが言われていたように、家族がいて、その人たちのためにお弁当を作れるというのは、ある意味で素晴らしいことです。そういう機会のない人にとっては、それは足りていないものなのですから。第4回に挙げた、仕事にやりがいがない、というのもそうです。やりがいがないと思っていても、ちゃんと仕事があるわけです。仕事がなくて困っている人もいます。

私にもそういう時期がありました。20代後半のニート時代は、仕事がなかった。そのときのことを思い出すと、今はなんでも感謝してやれます。老子の思想がすごいのは、こうした視点の転換を促してくれるところです。

疲れた現代人、そして、よりよくありたいとあがく現代人の心に老子の言葉が響くのは、彼の思想が癒しの効果を持っているからだけではなく、むしろ過激なくらい逆転の発想を突きつけてくれるからかもしれません。

（小川）

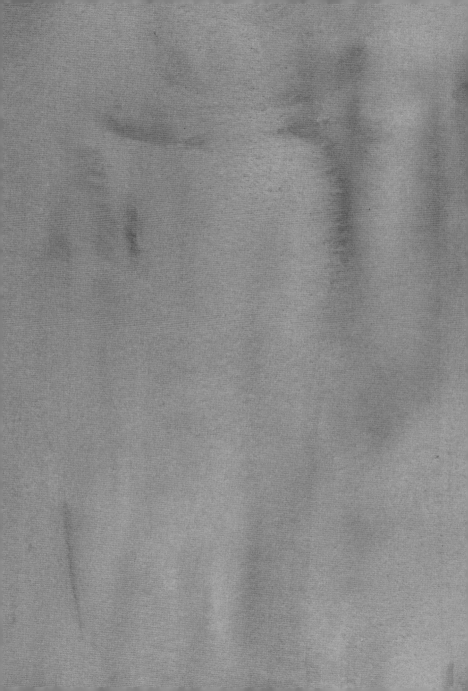

第6回

幸せになるには？

相談者からのお悩み

姑に毎日つらく当たられる（30歳女性）

同居している
義理の母のことで
悩んでいます。

母は私にとても厳しく、
料理の味や家事すべてに
口を出してきます。

夫も子どもも私の話に
聞く耳を持ってくれず、
家庭内は最悪の状態です。

幸せになるには……
どうしたら
よいのでしょうか。

高田 いわゆる嫁姑問題だと思いますけど。

ユカイ 重いですね。悩みとしては。

遼河 ずっと生活しているところでこういうことが起こっていて、なおかつご主人も子どもも耳を貸してくれない。味方とか聞いてくれる人がいないってことですよね。

高田 いっそ離婚しちゃうってのはどうでしょう? 幸せじゃないですよね。この問題、哲学者は、どのように答えてくれるのでしょうか。

小川 ラッセル、ヒルティ、アラン。中でも特にアランが、一般の方に馴染《なじ》みやすい幸福論を説いてますので……、

高田 なるほど。では早速、アランの半生、「ご紹介」プリーズ!

(今回のゲスト)

ダイアモンド✡ユカイ
(だいあもんど・ゆかい)
1962年生まれ。ロックシンガー、俳優、タレント。バンドRED WARRIORSのボーカルとしてデビュー。ハリウッド映画にも出演。3児の父。

最上もが
(もがみ・もが)
1989年生まれ。タレント。ドラマや映画、バラエティ、ファッション誌などに出演。また、自身企画の月1トークイベントを開催するなどマルチに活動中。

遼河はるひ
(りょうが・はるひ)
1976年生まれ。女優、タレント。元宝塚歌劇団月組の男役。宝塚音楽学校82期生。月組と宙組で活躍後、退団。日本舞踊の名取でもある。

お悩みに答えてくれる哲学者

第6回
幸せになるには?

幸福のスペシャリスト

アラン

（Alain）

フランス1868年～1951年

本名はエミール・シャルティエ。リセ（高等中学校）の哲学教師で文筆家でもある。シモーヌ・ヴェイユをはじめ著名な哲学者を生み出した。長年にわたり新聞にプロポと呼ばれる短文を連載。『幸福論』はその中から幸福をテーマにするものを選び、一冊の本にしたもの。著書に『芸術論』、『宗教論』等がある。

わかりやすく前向きなコラムを書いた

アランの人生と哲学

アランの出身は、フランス北部のノルマンディー地方。緑豊かな農村地帯。ちなみに、この地方はリンゴの産地で、リンゴから作った発泡酒シードルが有名です。

アランはこの地で、哲学を教える高校教師をしていました。

「先生、教えてください」

「先生、相談があるんですけど……」

そんな生徒一人ひとりと触れ合う中で、アランは机上の論理ではない、より具体的でわかりやすい哲学を深めていきました。

アランの転機は32歳のとき。地方紙から「哲学コラムを書いてほしい」と、依頼されます。そのときのペンネームが「アラン」。ちなみに本名は、エミール・シャルティエです。

するとこのコラムがわかりやすいと大ヒット。40年間で5000以上にもなりました。中でも幸福についてのコラムが人々に受け入れられ、「幸福」はアランの代名詞に。そんな幸福について、とっておきの「お考え」があるのです。

お考えプリーズ

幸福は他人に対しても義務であるなぜならば幸福は人に伝染するからだ

アラン

アラン（Alain）

高田　なんだか幸福の押し売りみたいな感じがしますが、どうでしょう。

ユカイ　たしかにそうだし、これの反対もそうだと思う。不幸とか悩みとかを抱えていると、それが周りに伝染する。

遼河　そう思います。ロケ先とかで、おばあちゃんが、「もうこの畑やってるだけで幸せなのよ」って言って、笑顔で手を握ってくれたら、本当に、**「この幸せもらった」**って感じます。

高田　たしかにね。これについて、さらにアランさん、「お考え」があるみたいです。

お考えプリーズ

悲観主義は感情によるもの 楽観主義は意志によるものである

アラン

ユカイ これは、わかる。**悲観することって、ものすごいパワーを持ってる**から。そういうネガティブな感情ってパワーがあるじゃない？ それを打破して楽観するっていうのは、強い意志、気持ちがないとできない。

最上 悲観的な状態って、なろうと思ってなってるわけじゃなくて、気づいたらなってるものだと思うんですね。でも楽観っていうのは自分の意志で変わりたいって思わない限り、たぶんそうなれない。

高田 なるほど。これ、アランはどういうことを伝えたかったのか、さらにアランの言葉を見ていきましょう。

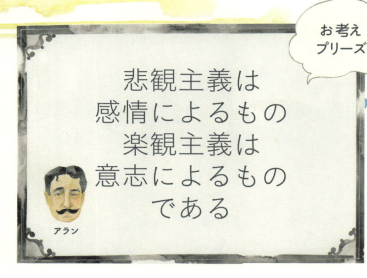

解説

雨が降っています。どんな気持ちになりますか？
アランは、雨について、こんな言葉を残しています。

雨が降っている。
空気が洗われて、
まるでろ過されたみたいだ。

こういう美しさがわかるように
ならねばならない。

雨の降るときこそ、
晴れわたった顔つきをしたいものだ。

——アラン（Alain）

ユカイ 要するに、気分だよね。楽観主義か悲観主義かによって、雨なんか意味がまったく変わってしまうと思う。

最上 たしかに。**つらいときこそ、笑っていたほうがちょっと気持ちが楽になる**というか。だって、つらいときにつらい顔したら、もう「つらい」しかないじゃないですか。

遼河 宝塚時代を思い出しました。舞台って、袖で開演何分前のようなときに怒られてるのに、一歩出たらめちゃくちゃ笑顔でいなきゃいけないじゃないですか。すごく鍛えられましたね。もうあと2分の間に、自分をいかに楽観的に持っていくか。これ、普段にも使えると思います。

高田 なるほどね、自分の意志で楽観主義、楽観的になる。ここでちょっと、みなさんにトレーニングをご紹介したいと思います。

哲学ワーク

良いことを5つ見つけ出す

アランのお考えを実践するのにお勧めなのが、こちらです。
「意志によって楽観主義になるためのトレーニング」

渋滞に巻き込まれた中で、
無理やりにでも「良いこと」を見つけ出すというお題。
5つ以上出してもらいます。

悪い状況のときでも「良いこと」を見つけ出す。
みなさんもぜひ試してみてください。

最上 「眠れる」「音楽聴ける」「ぼーっとできる」……。良いこと6個出しました！ 渋滞って結構好きなんです。

遼河 興味があるお店とか発見できますしね。今回の相談者の方も、いっそのこと、開き直ってみるとかね。

最上 「あ、嫌われてるのわかるな」って思うときに、逆に明るく振る舞う。ネガティブって、対人関係においてはあまり良いものを生み出さないと思ってます。クリエイティブなものには必要なこともあるんですけど。

高田 ユカイさんは落ち込むことなんてないでしょ。

ユカイ ものすごくディープな落ち込みから脱却したことはありますよ。離婚して、事務所がなくって独りぼっちになっちゃったときに、もう本当に自殺したいっていうぐらいまでいっちゃった。で、そのときにベートーベンの『悲愴』っていう暗～い曲を聞いてたら、なぜか自分の中に響いてきて、そこから立ち直ってきちゃったんですけど（笑）。

ユカイ きっと、このアランの言ってることっていうのは、**すべての状況をつくり出すものは、自分の中にある**っていうことなんだと思うんですよ。例えば、この相談者の方も、ありがとうっていう言葉を、絶えずお姑さんに言っていくっていうのはどうかな。そうすることによって今の状況が変わっていくような気がします。

高田 決まりましたね。これでいいんじゃないんですか。

アラン（Alain）

まとめ

あえて楽観的になる

嫁姑問題。これは普遍的な悩みなのでしょうね。母親は自分の息子がかわいいものです。だからお嫁さんにはきちんとやってもらいたいという気持ちが強くなるのでしょう。決して意地悪で言っているわけではなくても、言われた側にはどうしてもそう聞こえてしまう、ということもあるのでしょう。

それでも一緒に過ごしていかなければならないとき、いったいどうすればいいのか。現実は変わらないけれど、気持ちを楽にする方法。不幸な中で幸福になる方法。それこそアランが説いた哲学にほかなりません。

アランは自らを不撓不屈《ふとうふくつ》の楽観主義者と称するくらい楽観的です。でも、それは何も考えていないということではありません。よく楽観的というと、能天気でまるで深く考えていないかのように否定的なニュアンスで受け止める人がいますが、アランの場合はその逆です。

楽観的な哲学とは一見矛盾しているようですが、アランは見事にそれを可能にしています。そしてとてもわかりやすい言葉にしています。彼の『幸福論』が人気なのはそうした理由からでしょう。何しろ、一般の人向けに新聞のコラムとして書かれた文章を集めた本ですから。

その楽観主義のベースにあるのが、意志の力です。苦しい中であえて楽観的になるには、強い意志がいるのです。いいようにとらえよう、なんとかなると思おうというように。そうでないと、気持ちは変わりません。

不幸になるのは簡単です。ただじっと座っていればいい。人が楽しませてくれるのを待っている王子のように。アランは皮肉を交えてこう言っています。こうした喩《たと》えや、皮肉、ウイットもアランの哲学を楽しいものにしています。

意志の力。ダイアモンド✡ユカイさんが最後に言われてましたが、たしかにすべては自分の心の中で生み出されるものなのでしょう。不幸も幸福も。だからあえてお姑さんに「ありがとう」という言葉を言うのはどうかと提案もされていました。これを聞いたときは、なかなかすごい発想だなと思いました。そこまでやるのは大変じゃないかと。

でも、人間というのは、そうやって自分の心をコントロールすることで、本当に感謝の気持ちが芽生えたりするものなのです。なので、あえてやる、あえて楽観的になる、というのがアランのメッセージなのです。幸福になりたい人は、ぜひ一度試してみてはいかがでしょうか。

（小川）

第7回

死・死別を乗り越える

相談者からのお悩み

死ぬのが怖い（30歳男性）

子どものときから
「死の恐怖」に
悩まされてきました。

正直、死ぬのが怖い。

この恐怖から
解き放たれて
生きていきたいです。

死を考えて不安になる（18歳女性）

死んだら自分って
完全になくなるのでしょうか？

そう考え始めると、
不安が止まりません。

どうしたらいいでしょう？

高田 ということで、重たい話題。死に対する恐怖ってどなたかありますか。

坂下 私は正直、あんまりないです。自分がもし死んだらおじいちゃんおばあちゃんに天国で会えるかも。知らないところに行くわけじゃないって思う。

池田 全然怖くないというか、死んだら感情がなくなっちゃうので、別にどうも思わないです。

哀川 子どものころ「死なない」と思ってました。どっちかっていうと。

高田 ここで哲学者にちょっと聞いてみましょう、死について考えてる人！

小川 古今東西の哲学者たちは、みんな死について考えてきた歴史があります。中でもエピクロスは古代ギリシアの哲学者なんですけど、快楽主義で知られる人なんです。

（今回のゲスト）

哀川 翔
（あいかわ・しょう）
1961年生まれ。俳優、歌手。一世風靡セピアの一員としてレコードデビュー。その後、ドラマ、映画、Vシネマ等で活躍。多趣味であり、昆虫飼育もその一つ。

池田美優
（いけだ・みゆう）
1998年生まれ。モデル。『TOKYO GIRLS COLLECTION』をはじめ多数のファッションショーに出演。近年はバラエティ番組等にも出演。愛称は「みちょぱ」。

坂下千里子
（さかした・ちりこ）
1976年生まれ。タレント、女優。テレビ番組『王様のブランチ』のリポーターでブレイク。現在はコメンテーターやキャスターとしても活躍。2児の母。

お考え
プリーズ

我々が
存在するとき
死は存在せず
死が存在するとき
我々は
存在しない

エピクロス

西田幾多郎 他（Kitaro Nishida, et al.）

高田　またワケがわからないこと言いますね。みなさんどう思う？　自分がなくなっちゃう。みちょぱ、なくなっちゃうのよ。

池田　ええ〜。別になくなったら、なくなったかなっていう感じですかね。死んだらなくなるって思ってたほうが、人生楽に生きていけそうじゃないですか。

高田　だからある意味、死ぬのなんか考えないうちに死んじゃったほうがいいなあ。

哀川　そうだね。物事、起こってから考えれば、それでいいよね。死なんてもう、それの究極でしょ。

小川 だから、もう悩まなくていいということでしょうか？

哀川 いや。でも明日死ぬのか明後日死ぬのかっていうのは考える必要ないと思いません？ 俺、絶対**明日死ぬ人は、明日死ぬってわかる**と思います。

高田 あの……、昆虫は死の寸前って、何かわかります？

哀川 あのね、昆虫って面白くて、末端からなくなっていくんです。カブトムシとかクワガタムシって、一番最初に手の先、関節の一番先がなくなっていくの。木をつかんで樹液吸ったりしてるでしょ。それができなくなっていく。だんだん手足が一個ずつなくなって、最終的にはもうつかめなくなって動けなくなって死んでいくんです。それがやっぱ寿命なんですよ。

高田 へーえ。それが自然の摂理なんですね。

小川 結局、エピクロス、何が言いたいかというと、みなさんが言われるとおりだと思うんですよ。死のことっていうのは結局生きてる間はわからない。**死んでからしかわからないことを、なんで生きてる間にあれこれ想像するんだ**と。たぶん本当の死と自分の思う死は違うはずですから。

哀川 要するに、答えの出ないやりとりをするなってことでしょ？

小川 そういうことですよね。

高田 さあ、じゃあ他の哲学者にもちょっと聞いてみましょう。誰にいきますかね。ハイデガーさん。

小川 ええ。20世紀ドイツで活躍した哲学者です。実は「死の哲学者」とも呼ばれることがあるんです。人間の存在について考えました。そして、人間っていうのはやはり死ぬ存在ですから、必然的に死と結びつけて考えたっていうことなんですね。

西田幾多郎 他（Kitaro Nishida, et al.）

お考えプリーズ

死を意識するからこそ人生は輝くのだ

ハイデガー

小川 彼は人間は死へと向かう存在だというふうに言うんですね。だからこそ、死をあらかじめ覚悟すれば、人は本気で生きられるんじゃないかと。

高田 これは厳しいですよ。誰か死にそうになった経験ってありますか？

哀川 **俺、心臓止まったこと2回ある。**40分くらい止まってたんだよね。周りの人に聞くと確実に死んでたと。30代の前半だから、会社でもいろいろあって、異常に無理してたというのはあったんだよね。飲んでて、そのままパタッといったんだから。全然起きなくて救急車の中で心肺停止。死んでると、

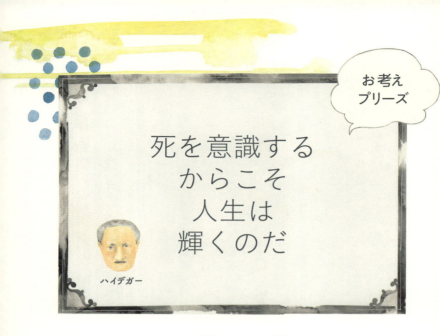

急いで病院に連れて行こうともしない。そしたらそのうち救急車の中で目が覚めたのね。40分心肺停止して、そこから何事もなく生還できる確率は、1000人に10人だって。

高田 じゃあもう今、また新しい人生かもね。

哀川 だからそのときに、ちょっと悟りましたよ俺も。今まではNO！NO！NO！NO！NO！ばっかりだったんです。やりたいことはこれ、これ、これ！って結構決めつけて。それ以外やらないみたいな感じだったのが、間口を広げて、全般的にオープンになりました。自分事ばっかりじゃなく、ちょっとは人のためにも何かやれよ、みたいな感覚っていうのは出ましたね。それまではそういうの一個もなかったもん。

高田 なるほどな。じゃあ言葉でどう言えばいいのかわからないけど、変わってきた？

哀川 たぶん、命の尊さっていうことに関して、「生かされるということに対する前向きさ」というのは出ましたよね。

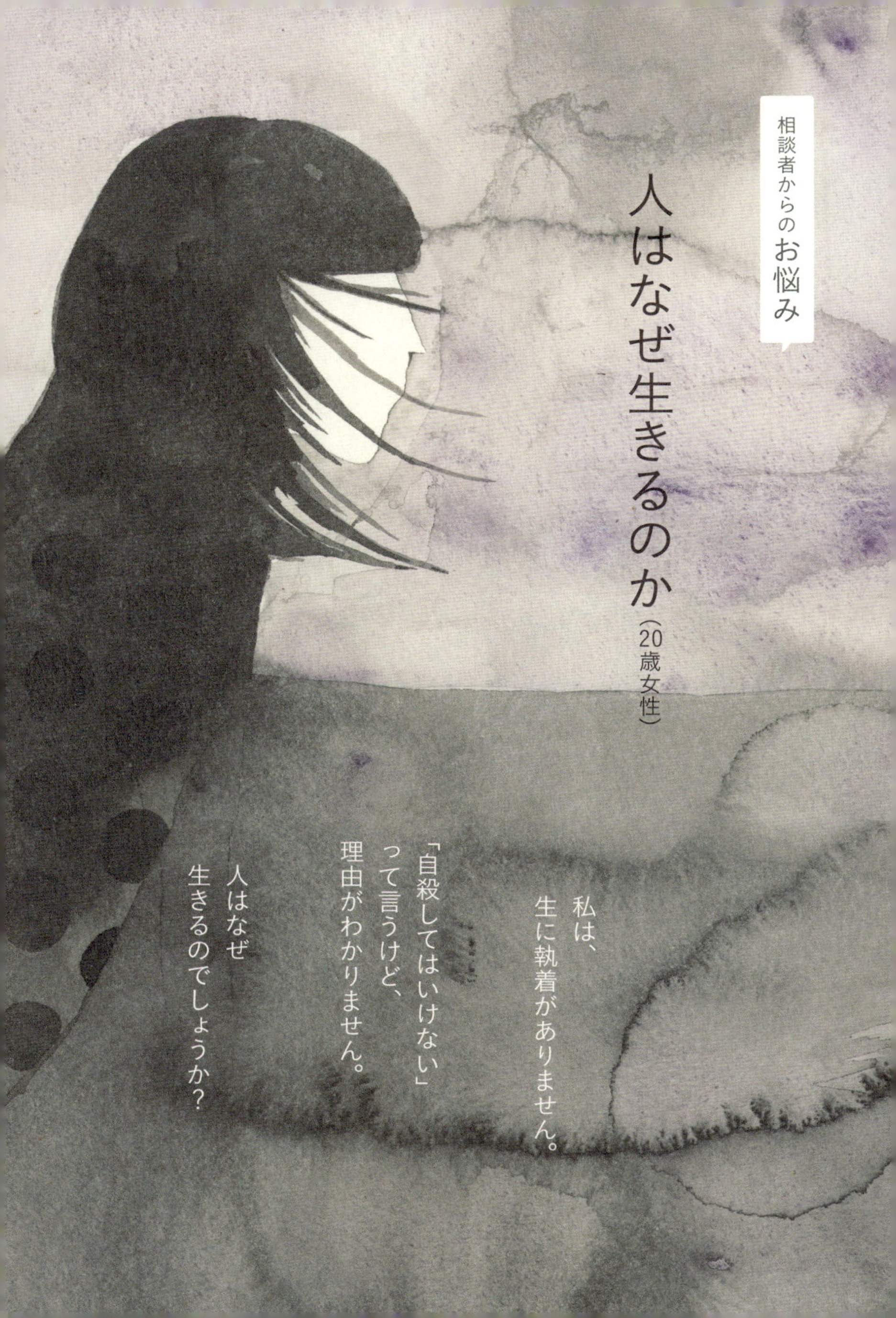

相談者からのお悩み

人はなぜ生きるのか（20歳女性）

私は、
生に執着がありません。

「自殺してはいけない」
って言うけど、
理由がわかりません。

人はなぜ
生きるのでしょうか？

高田 さあ、人は、なぜ生きるのか。どうですか、みちょぱさん。これからあなたが一番長く生きていくんだと思いますけども。

池田 人だから、かな。人のために生きてるというか。今の仕事のことも考えると、ファンの方のこととか、あとは、親が一緒にいてくれたりとか。

哀川 俺、生きることに全く執着心がなくて。だから、例えば子どもをつくるとか。

高田 この悩みはね、どの哲学者に聞いていいかわかりませんけど。ショーペンハウアー？

小川 この人はですね、19世紀のドイツで活躍した哲学者で、死ではなくて生の、生きる哲学を説き始めた人なんです。ニーチェにすごく大きな影響を与えた人です。彼が書いた「自殺について」という論文。これが自殺論の古典とされているんですよ。

高田 じゃあ、そんなショーペンハウアーちゃん、「お考え」プリーズ。

西田幾多郎 他（Kitaro Nishida, et al.）

お考えプリーズ

自殺は真実の救済にならない

ショーペンハウアー

哀川　死んでも物事は解決しないってことじゃないですか？　これ。

小川　そうですね。では、「真実の救済」、これは本当の救済って意味なんですけど、何なんでしょうね。

哀川　うーん、**本人が立ち向かわないと本当の救済にはならないいんじゃないの？**　いろんな人に手助けしてもらうってこともあるかもしれないけど、ただ本人がそれをやる気にならないと。

坂下　やっぱり、自殺しても自分の心は救えないということなんでしょうね。

解説

真実の救済について、ショーペンハウアーは、手術の喩《たと》えを用いて説明しています。

人が「苦悩から抜け出そうともがいている」状態。ショーペンハウアーは、その状態を「心の手術」が行われていると表現します。

「心にメスを入れる手術」。つまり「心の問題に直面すること」は、とても大変ですが、終われば「心の問題」は取り除かれます。

しかしもし、「手術の大変さ」に耐え切れず、自殺してしまったとしたら……。

それは、もう少しで得られるはずの「真の救済」を投げ捨ててしまうことだと言うのです。

西田幾多郎 他（Kitaro Nishida, et al.）

哀川 これって、すごく難しい。要は、手術をする本当の意味を本人がわかるかどうかだと思うんです。苦しんでいることに対する解決方法が手術。でも、それに向き合えないから、たぶん自殺っていう道を選んでしまうわけで。

小川 **確実に手術を受けたら治るっていうことがわからないから、途中で苦しくなってしまう、**ということでしょうか。

哀川 たぶんそういうことだと思います。しかも一回の手術で終わるかっていうと、終わらないこともあるわけだから。でもそのくらい覚悟しないと難しいってことだよね。

高田 ちょっとまだハッキリしないかな。ここでもう一人聞いてみましょう。フロムさん。

小川 はい。ドイツの社会心理学者で哲学者です。この人生相談室の第1回で、愛について論じていた人ですね。この人はまた、『自由からの逃走』という本の中で、生きる意味についても論じています。

お考え
プリーズ

人生の意味がただひとつあるそれは“生きる行為”そのものである

フロム

哀川 死んだら終わりって言うから、やっぱり生きるべきなんですよ。要するに、一番の意味は、生きる。俺も、夢は何ですかって聞かれて、長生きって言いますもん（笑）。

高田 俺も。どれだけ長く生きたかじゃなくて、どう生きたかだって言う人もいるけど、俺はただ長く生きたいね。するとそのうち、どう生きたかも見えてくるかもしれない。

哀川 人生が長いってことは、それだけいろんなことがあるってことだからさ。でも、絶対、何かいいことあるって。

坂下 **生きてればいいことがある！**

相談者からのお悩み

死別の苦しみを乗り越えるには（49歳男性）

私は、将来を誓い合った
「最愛の相手」が
「ある日突然亡くなる」
という経験をしました。

悲しみや後悔が
思い起こされ、
今でもつらくなります。

人はこういった
「避けることのできない別れ」を、
どうすればいいのでしょうか？

坂下 死別の悲しみって、もう会えない相手ですから。時が癒やすしかないって思ってしまうんですけど……。

哀川 ショックだっていうのもわかる。でも、もう亡くなったんだって。こっちはもう、悟るしかないのよ。もう亡くなったんだよって。

高田 じゃあ死ぬまで死別の悲しみを持っていくってのはどうだろう？　だめですか？

哀川 いや、というか、それもありじゃないですかね？

高田 これに答えてくれる哲学者って……。え？　西田……キタロウさん？

小川 はい。この人は日本で最も有名な哲学者です。日本人は初登場ですね。この人は、人が死別の悲哀とどう向き合えばいいのかということを解き明かしています。その裏には、実は西田自身の深い死別の体験があったんです。

お悩みに答えてくれる哲学者

第7回
死・死別を乗り越える

死別のスペシャリスト

西田幾多郎
（Kitaro Nishida）

日本1870年〜1945年

京都学派の創設者。京都帝国大学教授として多くの弟子や仲間たちとともに、日本独自の哲学を構築した。西洋の思想に自らも実践していた禅の思想を融合させることに成功。絶対無という概念によって、西洋の有の思想に対して、東洋の無の思想という違いを見出すに至った。著書に『善の研究』、『働くものから見るものへ』等がある。

我が子を失う苦しみと向き合った

西田幾多郎の人生と哲学

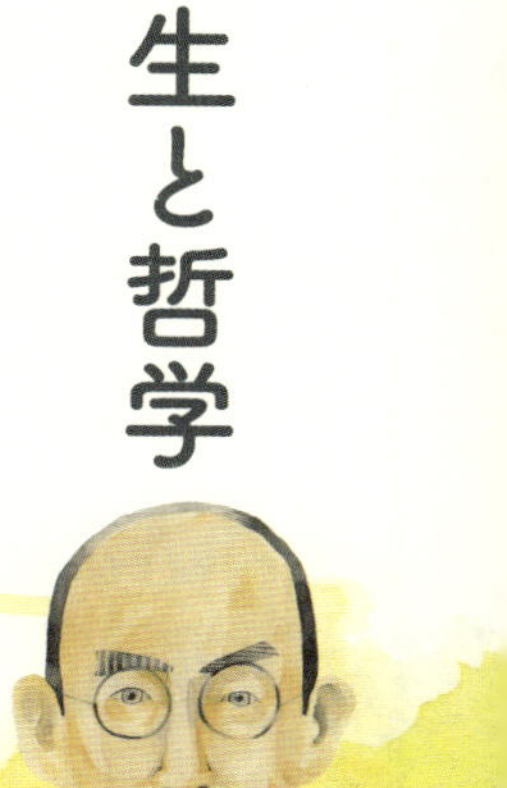

明治から戦前にかけて活躍した西田幾多郎。西洋の哲学と日本の思想を融合させ、いわば「日本哲学の父」とも呼べる哲学者です。

西田が書いた『善の研究』は、日本初の本格的な哲学書としてベストセラーになりました。

そんな西田哲学の動機となったのが「悲哀」。

中でも「死別の悲しみ」に関して深い思索を行った西田。その背景には自らの体験がありました。

西田は、結婚後、8人の子どもができましたが、病気などで、5人を失ってしまいます。

「我が子の死」を記したのは、次女が4歳で亡くなったときのことでした。

「今まで愛らしく話したり、歌ったり、遊んだりしていた者が、たちまち消えて壺中《こちゅう》の白骨となるというのは、いかなる訳であろうか」

さらに西田はこう書いています。

「余は今度、我子のはかなき死ということによりて多大の教訓を得た」

西田が悲哀の中から絞り出した「お考え」とは……、

お考えプリーズ

後悔の念の起こるのは自己の力を信じすぎるからである

西田

西田幾多郎 他（Kitaro Nishida, et al.）

小川　「後悔の念の起こるのは」は「苦悩するのは」と考えてもらってもいいと思います。

高田　そういえば俺はね、娘が4歳のときに、高熱でひきつけを起こしたんですよ。ちょうどメガネを買いに池袋に行ったときに、暑かったのか風邪気味だったのか、突然そうなって。もう俺も初めて見るから、「あ、このままこの子は死ぬんだな」って思った。すぐに救急車を呼んだけど、来るまでにやっぱり4、5分あるじゃない。でも、その間、どうしたらいいかわからなくてね。**「あ、こうやって、人は死ぬんだな」**って、そのときは思った。まあ救急車が来て病院に行って、大事に至らず、よかったんだけど。

哀川　こうしてあげればよかったとか、よく言うじゃないですか。でも、人が死んでしまうっていうことに対して、俺たち結局、何の力も持ってないじゃないですか。

小川　ええ。西田も、気晴らしをしようとしたり、いろんなことをしたりして、悲しみを忘れようとしましたが、うまくいかなかったんです。

小川　人間っていうのは頭を使いますから、つい考えてしまう。あっちのほうがよかったのに、こうしてたらよかったのにという比較をしてしまうということです。それをやめたほうがいいと。これ、実は西田の「純粋経験」という、彼の中心的な概念と結びついているんです。純粋経験ってちょっと難しい言葉ですけど、**ありのままに出来事を経験する**ということです。あれこれ考えないっていうことです。だから悲しみっていうのは純粋に悲しみなんだから、そのまま受け止めなさいということなんです。それを自己の力であれこれしようとするから苦しい。そういうことを言ってるんです。

高田　じゃあ結局、死別とはどう向き合えばいいんでしょう。もう一つ、「お考え」プリーズ。

お考えプリーズ

折にふれ
物に感じて思い出すのが
せめてもの慰藉である
死者に対しての
心づくしである

西田

西田幾多郎 他（Kitaro Nishida, et al.）

小川 慰藉《いしゃ》である、まあ慰《なぐさ》めっていうことです。忘れるんじゃなくて考えることが、死者に対しての心づくしでもあるわけです。

高田 折にふれ、何かのときに、「あぁ、あの人は」ってね。

坂下 おはぎ、おじいちゃん好きだったなぁとか、そういうことですよね。

池田 だから無理に忘れようとせずに、そのまま受け止める。

坂下 悲しみとか、そういうすごくつらいことは、純粋にまず一旦受け入れていいんだなって、西田さんから教わることができました。さっきの「純粋経験」、ありのままにっていうのを知れてよかったです。

哀川 周りの人が亡くなるってのは寂しいことだよね。それは現実としてしょうがないことなんだけど。だから、それまでの間に、良き思い出というか、良き人との交流というか、そういうものを大切にしていきたいなと、そう思いますね。

まとめ

死と生について考える

今回は、死という非常に重いテーマと向き合いました。そのため、いつもとは違ってかなりたくさんの哲学者のお考えを紹介しました。いろんな側面から死をとらえるためです。

例えば、ヘレニズム期の哲学者エピクロスのお考え。私たちが存在するとき死は存在せず、死が存在するとき私たちは存在しない。だから死のことを考えて、悩む必要はないということです。それが自然の摂理なのですから。

カブトムシを飼うのが趣味の哀川さんは、これを自然の摂理の中で死んでいく昆虫の例に当てはめられていました。それを聞いて、たしかに人間もそういう自然のサイクルの中で生きているのだなと改めて感じました。

でも、自殺するのは人間だけです。これについてはどう考えればいいか。番組ではショーペンハウアーの言葉を引きながら、自殺は本当の救済にならないということを巡って対話を展開しました。ショーペンハウアーが言わんとしたのは、せっかく本当に救われる状態を目指して悩んでいるのに、自殺してしまったらそれが不可能になるじゃないかということです。人生終わらせてしまえば悩みも消えると思いがちですが、それは救済ではないということです。

では、頑張って生きていればいつか救済されるのかどうか。そこで第1回にも登場したフロムのお考えを紹介しました。人生の意味は、生きる行為なんだと。これには出演者のみなさんも強く共感してくださいました。

高田さんは、「自分はただ長く生きたい、そうすればどう生きたかも見えてくるかもしれない」と言われてました。救済があるのかどうかは、生きてみないとわからないということだと思います。死と生は、まさに表裏一体の関係にあるのです。

最後に私たちが向き合った死は、愛する人との死別というあまりにもつらいお悩みです。ここで日本の哲学者、西田幾多郎が登場。哲学というと西洋の人ばかりが頭に浮かびますが、日本でも明治以降は哲学者と呼ばれる人たちが出てきます。

とりわけ西田は、禅の思想と西洋哲学を融合させた人でもあり、また本人自身、愛娘をはじめ何度か死別を経験しています。だからこそ西田の言葉は響きます。私たちにできるのは、亡くなった人のことを思い出してあげることだけ。それこそがせめてもの慰藉、慰めになるのだと。悲しみを抑え込むのではなく、亡くなった人のためにあえて悲しみを受け止める。それが死と向き合いながら生きていかねばならない人間の宿命なのかもしれません。

（小川）

第8回

憎しみを抑えたい

相談者からのお悩み

人を憎んでしまう

（55歳女性）

母が亡くなってすぐ、
母の再婚相手が、
彼女をつくりました。

心が狭いのかと思いますが、
どうしても、
彼のことが許せません。

本当は忘れてしまいたいのに、
「憎しみ」すら
感じるように
なってしまいました。

「人を憎んでしまう」感情を、
どうすればいいのでしょうか？

高田 ということで、どうでしょう、この悩み。憎しみを抱いてしまって苦しい。まあ、憎しみの度合いにもよるんでしょうけど。

池田 でも、憎しみって悪いことなんですか？

哀川 だってもう解決しようがないと思うけどね。

坂下 これ気にしちゃだめなんじゃないですか。気にしたらもうキリがない。

高田 こういうことが得意な人……。おや、デカルトさんですか？

小川 この方はですね、憎しみをはじめとした感情について哲学した人でもあるんです。感情を徹底的に分析して、名づけるなら感情の解剖学者ですね。

高田 では、そんなデカルトちゃんの「ご紹介」、プリーズ！

（今回のゲスト）

哀川 翔
（あいかわ・しょう）
1961年生まれ。俳優、歌手。一世風靡セピアの一員としてレコードデビュー。その後、ドラマ、映画、Vシネマ等で活躍。多趣味であり、昆虫飼育もその一つ。

池田美優
（いけだ・みゆう）
1998年生まれ。モデル。『TOKYO GIRLS COLLECTION』をはじめ多数のファッションショーに出演。近年はバラエティ番組等にも出演。愛称は「みちょぱ」。

坂下千里子
（さかした・ちりこ）
1976年生まれ。タレント、女優。テレビ番組『王様のブランチ』のリポーターでブレイク。現在はコメンテーターやキャスターとしても活躍。2児の母。

第8回
憎しみを抑えたい

感情のスペシャリスト

ルネ・デカルト

（René Descartes）

フランス1596年〜1650年

この世で唯一疑い得ないのは意識だけであるとする「我思う、故に我あり」という言葉で有名。また、人間の知識は生まれながらに持っている「生得観念」に基づくとする大陸合理論の創始者として知られる。交流のあったエリザベト王女からの疑問がきっかけで、感情に関心を持つようになる。著書に『方法序説』、『情念論』等がある。

晩年、人の感情に着目した
デカルトの人生と哲学

フランスの哲学者、デカルト。デカルトはもともと、感情ではなく「頭で考えること」、つまり「理性こそが人間にとって大切だ」と考えていました。

しかし46歳のとき、人生を大きく変える女性と出会います。

悲劇の王女、エリザベト。23歳。

戦争に巻き込まれ、ヨーロッパ中を転々としていました。

エリザベトは、手紙で6年間にわたり、日々の悩みをデカルトに打ち明けました。

「あなたは私の精神にとって最良のお医者様です。人間の精神は、いかにして人間の体を突き動かすのでしょうか?」

王女とのやりとりで、デカルトはあることに気づきます。それは……、

〝感情〟こそが人間にとって大切だ。

お考え
プリーズ

憎しみと愛は表裏でありもともと同じものである

デカルト

ルネ・デカルト（René Descartes）

こうしたことがもとになって出版されたのが、晩年のデカルトの著書、『情念論』です。

そこでは、人間の感情が引き起こされる仕組みや、さまざまな感情の種類などについて、順に細かく分析されています。

こうして、人間の感情について研究を続けたデカルトは、ある結論に達します。

それは「愛」と「憎しみ」こそが、人間にとって、最も根本的な感情であると。

そんなデカルトの「お考え」がこちらです。

みなさんは、どう思われますか？

坂下 愛があるからこそ憎しみも倍増っていうことですよね。

小川 憎むこと自体は必ずしも悪いことでもないかもしれません。でも、例えば感情を全部抑えてしまうとどうなるか？ 憎むのも嫌だから感情を全部抑えようとしたら？

池田 無理。絶対、私、抑えられないです（笑）。

小川 じゃあ、**嫌いだった人が、あるきっかけで急に好きになったという経験ありませんか？**

池田 「ちょっと私が考えていたのと違った」ということはあります。勝手に私が自分の頭の中で膨らませていたり、すれ違っていただけだったりということもある。そういうときは、喧嘩をしても仲直りです。

哀川 俺は結構人との付き合いが長くて、それでいて相手に全然踏み込まないタイプなんです。だから10年も経って、「なんか昔嫌いだったけど好きになったよ」と言われることはある。

お考え
プリーズ

自分の想像にだまされず憎しみの反対の理由も考えよ

デカルト

高田　じゃあ、さらに踏み込んで、どうすれば、憎しみを愛に転化できるか、愛に変えられるか。

哀川　憎しみが愛に変わります？　愛は憎しみに変わったとしても。

高田　さあ、どうでしょう。ここでさらに、デカルトさんの「お考え」プリーズ。

小川　どういうことかというと、「なんであの人はあんなことするんだろう」という理由を、違った視点で考えてみようっていうことだと思います。

池田　さっき私が話したのも、これに近いのかな。想像で「この人はこんな人だ。だから嫌だな」っていうふうになっていくのを、もっとポジティブに考えてみるってことかも。

坂下　私、デビューするかどうかくらいのころ、トップの女優さんたちと高いお店に食事に行ったんです。そしたら、「千里ちゃんが自分でこれを食べるようになるのは、10年後、20年後かな」って言われて。悔しかったけど、その憎しみがバネになっていたかもなって。

哀川　でもそれさ、すごくいい言葉に感じたらいいんじゃない？　要するに、10年20年あなたはいけるんですよって言われてるようなもんですよ。**ひっくり返すと。**

坂下　そうですよね。当時は18、19でなかなかそんなふうには受け止められなかったんですけど。でも今は本当によかったなと。

哀川　だから、この相談者の方も、お母さんの愛した旦那さんが幸せになればお母さんも喜ぶ、みたいな感情にもっていけば、それでいいんじゃないかな。

まとめ

自分の想像にだまされない

憎しみという感情がテーマです。そこで感情に関する哲学の祖とも言っていいデカルトを引っ張り出してきました。デカルトは『情念論』、つまり感情に関する哲学の本を書いて、それを徹底的に分析した人物なのです。

もともとは「我思う、故に我あり」の言葉で知られるように、意識こそが人間存在の中心にあるとして、理性的なものを重視した哲学者です。ところが、それだけでは人間のすべてを説明することができないと気づいたのです。

ここはあまり知られていないのですが、私はこの感情の働きや大切さに気づいたことこそ、デカルトの偉業であったと思っています。そのデカルトによると、人間には驚き、愛、憎しみ、欲望、喜び、悲しみの6つの基本的な感情が備わっているといいます。ほかはこれらの組み合わせにすぎないと。

したがって、お悩みの方が気にされている憎しみは、人間にとって基本的な感情の一つなのです。人間である限りどうしても抱いてしまうものと言ってもいいでしょう。実際、誰もが腹を立てる自分や、人を憎んでしまう自分に悩んでいると思います。

しかし、同時に一見憎しみとは真逆に思える愛も基本的感情の一つです。ということは、そこになんらかの解決の糸口があるのではないかというのが、今回のポイントです。

つまり、感情というのは、もとは同じエネルギーみたいなものであって、それがいろんな形で外に現れているにすぎないのです。だから悪い感情だけを抑え込んでしまうなんてことはできないというわけです。それ故に、みちょぱさんが言われていたように、自分の想像だけで嫌いだと思ってしまっていたけれど、簡単に仲直りできるということもあるのです。

そうした誤解を越えて、憎んでいる人を好きになるには、やはり自分自身が自分の想像にだまされてはいけないということです。そのために理性があるのだと思います。感情は突っ走る傾向にありますから。番組でじっくり論じることができなかったのですが、デカルトが言いたかったのは、理性と感情が両方備わって初めて、人間のよさが発揮されるということなのではないでしょうか。

現にデカルトはこう書いています。「あらゆる情念の効用は、精神の中に思考を強化し持続させることのみにある」。つまり、感情を理性的な思考を盛り上げるBGMのように使うということです。そうすれば、感情に振り回されることなく、逆に頭で考えたことを強く訴えるための能力として活用できるということです。

（小川）

郵　便　は　が　き

(切手をお貼り下さい)

170-0013

(受取人)

東京都豊島区東池袋 3-9-7
東池袋織本ビル４Ｆ

㈱すばる舎　行

この度は、本書をお買い上げいただきまして誠にありがとうございました。お手数ですが、今後の出版の参考のために各項目にご記入のうえ、弊社までご返送ください。

お名前	男・女	才
ご住所		
ご職業	E-mail	
今後、新刊に関する情報、新企画へのアンケート、セミナー等のご案内を郵送またはＥメールでお送りさせていただいてもよろしいでしょうか？　□はい　□いいえ		

ご返送いただいた方の中から抽選で毎月３名様に
3,000円分の図書カードをプレゼントさせていただきます。

当選の発表はプレゼントの発送をもって代えさせていただきます。
※ご記入いただいた個人情報はプレゼントの発送以外に利用することはありません。
※本書へのご意見・ご感想に関しては、匿名にて広告等の文面に掲載させていただくことがございます。

◎タイトル：

◎書店名（ネット書店名）：

◎本書へのご意見・ご感想をお聞かせください。

ご協力ありがとうございました。

第9回

同級生に感じる劣等感をどうにかしたい

視聴者からのお悩み

同級生に引け目を感じる（40代女性）

国立女子大学を卒業した私。
未だ独身で子どももいません。
仕事も非正規雇用……

そんな自分は、
同級生より劣っていると
感じてしまいます。

4年後に卒業30年を記念して
大学の同窓会があるようです。

行きたくありませんが、
そんなことを思う自分も
情けなくて残念です。

この気持ち、
どうすればいいのでしょうか？

石井　俺、劣等感の塊《かたまり》ですよ。それを隠す道具として、やや奇抜な衣装を使っているとも言えます。

河北　私、ないです。というか、劣等感っていう言葉を初めて知りました。

磯野　劣等感だらけですよ私。だからこの方の悩み、ちょっとわかります。

高田　ということで、ここで劣等感について聞いてみましょう。アドラー。

小川　もう劣等感に向き合うといえば、この人なんですよ。この人はオーストリア出身の哲学者で、もともとは精神科医なんですけど、日本でも結構有名な方です。彼の哲学を知ると元気が出るって言われてるんです。劣等感のとらえ方を変えてくれるからなんですね。

高田　それでは早速、そんなアドラーちゃん、「ご紹介」プリーズ。

（今回のゲスト）

石井竜也
（いしい・たつや）
1959年生まれ。アーティスト。「米米CLUB」のボーカリストとしてデビュー。映画監督、デザイナーなど、多岐にわたる活動を行っている。

磯野貴理子
（いその・きりこ）
1964年生まれ。タレント。軽妙なトークとユーモアのあるキャラクターでバラエティ番組を中心に活躍。女優としてドラマにも出演。

河北麻友子
（かわきた・まゆこ）
1991年生まれ。女優、モデル。16歳まで家族とニューヨークで暮らす。単身で来日し、「国民的美少女コンテスト」受賞でデビュー。

お悩みに答えてくれる哲学者

第9回
劣等感をどうにかしたい

劣等感のスペシャリスト

アルフレッド・アドラー

（Alfred Adler）

オーストリア1870年〜1937年

もともとは精神分析学者のフロイトに傾倒していたが、後に袂を分かち、アドラー心理学あるいは個人心理学と呼ばれる独自の立場を確立。医師として働いていたときの経験がもとで、劣等感に関心を持つ。そのうえで、ありのままの自分を肯定し、受け入れることを説く。著書に『人生の意味の心理学』、『人はなぜ神経症になるのか』等がある。

負の感情を前向きにとらえた アドラーの人生と哲学

20世紀初頭に活躍した哲学者アルフレッド・アドラー。30代の頃は、オーストリアで内科医を営んでいました。

当時、アドラーの元には、近くの遊園地で働くサーカス芸人が患者として訪れていました。彼らの多くは幼いころ、貧しい生活を送り、体が弱かったといいます。

ここで、アドラーはあることに気づきます。

彼らは貧しさをバネに、体の弱さを克服して、ハードな仕事をこなしている……。

そして、このサーカス芸人のように無意識のうちにマイナスの境遇からプラスの境遇に向かおうとする力。それこそが「劣等感」だと考えたのです。

後に、精神科医として活躍したアドラー。

劣等感を抱く患者に繰り返し伝えた、「お考え」があります。それがこちらです。

お考え
プリーズ

劣等感は誰もが持っているそれは健全な向上心のきっかけになる

アドラー

石井 というか、劣等感がない人なんて、世界中どこ探してもいないんじゃないですか。

河北 なんで誰もが持ってるって決めつけるの？　私、持ってないもん。

小川 河北さん、じゃあ、劣等感という言葉を向上心に変えるとどうですか。

河北 向上心はありますけど。劣等感はどうしてもネガティブなイメージです。「周りに比べて」なので。だけど周りと比べなければ、劣ってもいないし優れてもいないですから。

高田 なるほど。さらに、「お考え」プリーズ。

アルフレッド・アドラー（Alfred Adler）

お考えプリーズ

悪い劣等感は他者との比較から生まれる 良い劣等感は理想の自分から生まれる

アドラー

磯野 **劣等感にも良いと悪いがある**んですか。

石井 そう、俺もそこが気になった。なんで劣等感の前に良いとか悪いとかつくのか。そこですよね。

磯野 でも人と比べるのって、悪いというか、意味ないなって気づきますよね、だんだんと。私ぐらいの年代だと、豪邸に住んで子どももいて、旦那さんも稼ぐ人で、絵に描いたような幸せな家庭を持つ友達がうらやましいって一瞬思ったり。でも、あとで聞いたら、その人、旦那のこと全然好きじゃないんだって。

高田 ほらね、だんだんそうなってくるんだよ。

解説

自分は劣っているのではないか、という感情。
それは「他者との比較」から生まれています。

「他者と比較して」生まれる悪い劣等感は、
「この人は、スゴイなあ。いいなあ」
と、比べているうちに他者の存在が
どんどん大きく感じられるようになります。
しかも、比べる他者は、次々と現れ、
自分は苦しくなるばかり。

一方で、「良い劣等感」は……
比較の対象が「他者」ではなく「理想の自分」。
「私はこうなりたい」という
目標として、追い求めることで
向上心につながるとアドラーは言うのです。

アルフレッド・アドラー（Alfred Adler）

石井 これ「理想の自分」っていうと、難しくなっちゃうけど、例えば「気持ちいい自分」っていうと、ちょっとわかるんじゃない？

河北 私、ニューヨークで生まれ育ったので、クラスの子もみんな文化も違えばカルチャーも違うし見た目も違うし、もう比べるところがないんですよ。なので、周りと比べたことがないんだと思います。でも、常に「自分が好きな自分」でいたいですよね。

石井 この相談者の方が悩んでる劣等感っていうのは、おそらく**人がつくった理想像に照らし合わせた上で自分は劣ってるって感じてる**だけだと思うわけ。一人ひとりと比べて、私はあの人たちより劣ってるっていうんじゃないと思うのね。

磯野 そもそもこの方が、自分は国立の大学出てるって最初におっしゃってたのも、すでに何かと比べているのかもしれません。そこも一回忘れて、肩書とか、結婚してないとか、そんなのは一切考えないで、生身の人間として堂々と同窓会に行ってみたらどうでしょう。

まとめ

自分の理想に立ち戻る

今回のテーマは劣等感です。自分は完璧だと思っている人は少ないでしょうから、誰もが劣等感を抱えているのだと思います。表向きは完璧を装っていても、自分のことは自分が一番よくわかっているはずです。

でも、劣等感って別に悪いことではないんですよね。まずそのことに気づくのが大切です。オーストリア出身の思想家のアドラーは、そのことをはっきりと打ち出してくれた点に意義があります。

私たちは劣等感を抱くことに罪の意識すら感じていることが多いのですが、そんな必要はまったくないのです。劣等感とは、むしろ自分を成長させるためのきっかけにさえなる素晴らしいものである。アドラーはそう訴えているのです。

では、どうして私たちは劣等感を抱くのか？　もちろんそれは人と比べて、自分が劣っていると感じるからですが、そのとき人と比べることに終始してしまう点が問題なのです。「あの人にはかなわない」とか、「あの人に負けている」ということだけだと、たしかに落ち込んでしまいます。

必ず上には上がいますから。

でも、たとえそれがきっかけだったとしても、その段階で終わらなければいいのです。そのことをきっかけとしつつも、じゃあ自分はどうありたいのかという自分の理想と比較する段階までもっていくことができれば、単なる妬みで終わることはないはずです。

アメリカで育った河北さんが言われていた「自分が好きな自分」でいること。それこそが強く生きていくための秘訣だと思うのです。人と比べるのではなく、今の自分と理想の自分を比べる。そうして初めて、人は成長することが可能になるのだと思います。

だから本当は、他人なんてどうでもいいのです。自分がどうありたいか、それだけを追求すればいい。アドラーはそのことを「課題の分離」と呼んでいます。自分の問題は自分にしか意味がなく、そして何より自分にしか解決できないのです。他人がとやかく言う問題ではありませんし、とやかく言ってきても気にしなければいい。

自分は自分、人は人。そういうふうに割り切って、自分自身と勝負することを楽しめば、苦しむことなく成長できるように思います。自分は何をしたいのか、自分はどうなりたいのか、人のことなんて気にせず、ぜひ自分自身に問いかけてください。

（小川）

第10回

嫌な記憶に向き合う

相談者からのお悩み

嫌な記憶が消えない（44歳女性）

幼少時からの嫌な記憶が頭から離れません。

母からの冷たい態度、
友だちからのいじめ、
社会に出てからのパワハラ……

何かの拍子によみがえり
逃げ出したくなります。

どうすれば嫌な記憶に
さよならできるのでしょうか?

磯野 忘れたいことって本当になかなか忘れられないですよね。

高田 そう。忘れたと思っても、いつかポンッて出てくるんだよね。

石井 でも、ここでべらべら話せるぐらいだったら、嫌な記憶じゃないかも。

高田 ちょっと哲学者に聞いてみましょう。誰か答えられますかね。あ、ベルクソンさん。

小川 はい。ベルクソンですね。こちらはフランスの哲学者です。人の意識とか時間、そして自由、心身の関係を説いたことから、生命の哲学者の元祖とも言われます。で、大学で講義もしていたんですけれども、反骨精神に富んでいたことから、学生たちからはすごく人気があったんですね。

高田 さあ、それでは、そんなベルクソンちゃんの「ご紹介」、プリーズ。

（今回のゲスト）

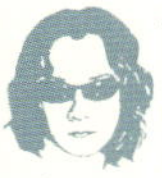

石井竜也
（いしい・たつや）
1959年生まれ。アーティスト。「米米CLUB」のボーカリストとしてデビュー。映画監督、デザイナーなど、多岐にわたる活動を行っている。

磯野貴理子
（いその・きりこ）
1964年生まれ。タレント。軽妙なトークとユーモアのあるキャラクターでバラエティ番組を中心に活躍。女優としてドラマにも出演。

河北麻友子
（かわきた・まゆこ）
1991年生まれ。女優、モデル。16歳まで家族とニューヨークで暮らす。単身で来日し、「国民的美少女コンテスト」受賞でデビュー。

お悩みに答えてくれる哲学者

第10回
嫌な記憶に
向き合う

記憶のスペシャリスト

アンリ・ベルクソン

（Henri Bergson）

フランス1859年～1941年

「生の哲学」の確立に貢献。また、時間について純粋持続という独自の観念を提起し、後の時間論に大きな影響を与えた。国際連盟の諮問機関として設立された国際知的協力委員会の委員として活躍したり、美しい文章が評価されてノーベル文学賞を受賞するなど、才能を多彩に発揮。著書に『時間と自由』、『物質と記憶』等がある。

時間のとらえ方を探求した ベルクソンの人生と哲学

フランスの哲学者、アンリ・ベルクソン。彼が生きた19世紀後半は近代化が急速に進んだ時代。

特に科学は進歩し、さまざまな謎が解明され発明品が生まれました。

ところがベルクソンは、科学は万能だという風潮に異を唱えたのです。

「わかったことだけ発表して、ふざけんじゃない」

「都合の良い結果だけ発表し、わからないことにはフタをする科学の姿勢はおかしい」

と言わんばかりに激しく批判したのです。

特に噛みついたのが、「時間の概念」でした。

「時間が一定なんて誰が決めたんだ」

1時間は60分、1日は24時間と時間を区切ったことで、人は時間に支配されて窮屈になってしまったと論じたのです。そしてベルクソンは、

「時間は決して一定ではなく、それぞれが体感する記憶によって変化している」

と唱えました。そんなベルクソンの「お考え」がこちらになります。

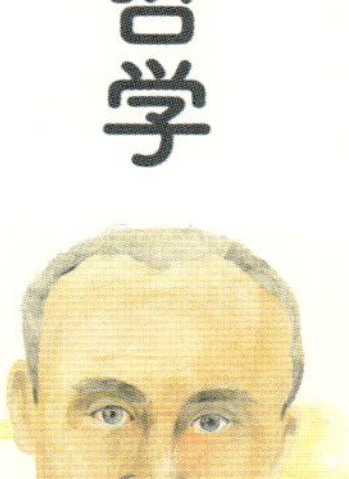

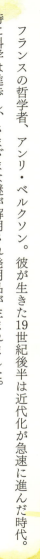

お考えプリーズ

あらゆる知覚は すでに 記憶なのだ

ベルクソン

高田　うーん。この知覚っていうのは、どういう意味なんでしょう。

小川　ベルクソンの言う知覚というのは、熱いとか痛いとかの身体の感覚、それからつらいとか悲しいとかといった心の感情みたいなものまで含めて、それがもう、すでに記憶なんだ、という言い方ですね。

小川　例えば梅干しを思い浮かべると、みなさん、口の中、どうなります？

河北　酸っぱくなります。

小川　では、梅干しを知らない、海外の人が梅干

アンリ・ベルクソン（Henri Bergson）

しを見たらどうでしょう。

河北 ああ、たしかに。なんにも思わない。

小川 意外ですが、私たちの知覚自体が過去の記憶に左右されている。知覚にはすでに記憶が入ってるんです。

石井 要するに、**そこで感じたことは、実は過去に経験して覚えたことに支配されている**、ということになる。

高田 そういうことね。ではさらに記憶について、ベルクソンの「お考え」、プリーズ。

お考えプリーズ

記憶を呼び起こすことは想像することで回想することではない

ベルクソン

小川 説明する前に、ちょっと貴理子さんにお願いします。目を閉じて、なんでもいいので、一番古い記憶を思い浮かべてください。

磯野 古い記憶……。私、弟がいるんですけれども、待望の男の子だったんで、母親がとにかく弟のことを大事にしたんですよ。お魚でも身を母が取ってあげたりして。私は口の中に骨が刺さってても自分で取ってたのに、弟ばっかりずるいな、なんて思ってましたね。

小川 なるほど。じゃあそのことを思い浮かべたのはいつですか。

磯野 え？ 今。

アンリ・ベルクソン（Henri Bergson）

小川 今ですよね。つまり、記憶っていうのは、過去のものじゃなくて今のものだっていうの、わかります？

磯野 え、いやいやいやいや。本当にあったことですよ。今作ったんじゃないですよ。

小川 そんな克明にすべて覚えてます？ すると私たちは、過去の記憶から抜けられないっていうことになるわけですよ。そういうことなんでしょうか。

石井 抜けられないと思う。**嫌な記憶っていうのは、たぶん肉体的にされたことや、自分にとって、ものすごくインパクトがあったこと**で、どうしても抜け出せないっていうようなことだと思うんだよね。

小川 だけど、例えば、梅干しね。甘い梅干しを経験したとしましょう。そうしたら変わるんじゃないですか？ 梅干しって聞いても、もうよだれは出なくなるんじゃないですか。酸っぱいと思わなくなるんじゃないですか。

河北 たぶんその衝撃の量だと思います。**それ以上に大きい刺激を、いい意味でもらえれば、嫌な記憶は塗り替えられる**と思いますけど。

石井 じゃあ俺みたいなのはどうする？　俺、リンチを受けたことがあるのね。高一のとき。これ初めて言うんだけど。呼び出されて、一対一のタイマンかと思ってたら、もう10人ぐらいから、ぼこぼこですよ。奥歯は取れるわでさ。血流しながら、家帰って、自分の布団の中に入って、ずっと泣いて。で、そのときに流れてたのが、ポール・マッカトニー&ウィングスの曲ですよ。もうとにかくその曲を聴くと思い出しちゃう。その曲を聴くと、今だにあの感じがダッ！て出てくる。別にその歌が嫌いなわけでも何でもないんだけど、その歌が流れると、やられた痛みとかをどうしても思い出してしまう。嫌な記憶っていうのは、それくらいきついことだと思うわけ。

石井 だから、そのときに、自分でやったことは何かっていったら、道化になったんです。それで、僕は、みんなの人気者になったんです。

アンリ・ベルクソン（Henri Bergson）

河北 じゃあ、ポジティブシンキングであったからこそ、人気者になれたっていうことですよね。難しいですけど、そういうふうに切り替える。

小川 何もしないと、悪いほうに、悪いほうに記憶が膨らんでいくわけですよね。それが、何かやることによって記憶を変えることができる。これ、どうしてかというと、記憶は、今、ここで作られているからということなんです。

石井 僕は、自分を変えることで嫌な記憶を克服したんですよ。だから、僕が言えるとすれば、そこから逃げろとは言わない。一応、そこはずっと考えてて構わないよって。その代わり、**今までと違うことをやってごらん**っていうことを、言いたいですね。

石井 このお悩みの方は、たぶん考える時間がいっぱいあるのかなっていう気がするの。だから、ちょっと忙しい時間をつくってみたらどうかな。夢中になるものを見つける。

まとめ

記憶は今ここで作られる

嫌な記憶からどう逃れるか。ベルクソンのお考えは、記憶なんて書き換えればいいというものでした。出演者のみなさんも驚かれてましたが、実は過去の記憶も今ここで作られているのです。この考え方は少し難しいと思うので、ここで補足しておきたいと思います。

ベルクソンのお考えの背景には、時間に対する彼の少し変わった考え方がありました。時間とは一定に流れるものではなく、ましてや数字で刻まれたものでもない。それは純粋持続といって、今ここに存在するものだというのです。

たしかに時計の時間も時間が流れるイメージも、すべては人間の発明にすぎません。本当は時間というものはもっと別のものなのかもしれません。私たちが生きているこの感覚のような。

そういう時間の概念をベースにすれば、記憶は決して過去のものではなくなります。記憶は私たちがそれを思い出すごとに、勝手に作り上げているのです。そうであれば、記憶は形を変えるものと言うこともできるでしょう。

思い出したときの気分によって、良い記憶になったり、悪い記憶になったりさえします。事実は変わらないのに。ということは、今良い気分になれば、悪い記憶を良い記憶に変えることさえ可能なのです。

だからといって、石井さんのように壮絶な経験をされた方は、そう簡単に記憶を書き換えることはできないでしょう。でも、石井さんご自身も違うことをやることで、違う自分になることで、その記憶を克服してこられたわけです。

つまり、見るものを変え、やることを変えれば、自然と記憶にも影響を与えるということです。記憶を変えようと無理にやってもできない場合は、そういうやり方もあるのだと思います。

先ほど気分が良いと、悪い記憶も良い記憶になると言いました。これは私自身の経験にも基づくものです。自分の人生がうまくいっていないと、過去にあった悪いことはより悪いことに思えてきます。でも、自分の人生がうまくいっていると、あんなこともあったけど、今は幸せだからまぁ仕方ないかと思えるのです。

河北さんの言葉にもあるように、いかにポジティブに切り替えられるかがカギだと思います。事実自体は変えられないとしたら、気持ちを変えるしかないわけですから。それが人間のいいところなのです。

（小川）

第11回

人の目が気になる

相談者からのお悩み

人の目が気になる

（33歳女性）

私は日ごろから人の目や、人からどう思われるのかを気にしてしまいます。

意見を言うのを我慢して
結果的にストレスが溜まり、
人間関係も築けていないのではと
不安に感じてしまいます。

子どものころから母より、
「他人に迷惑だけはかけるな」
と言われてきました。

どうしたら人の目を気にせず、
楽になれますか。

高田 ということで、大体は人の目は気にするけどね。職業柄もあるけど。

益若 私も気にしてたことあります。出産したのになんで髪の色明るいの、なんでお母さんらしく黒髪じゃないのって言われたとき、これが世間かって。

萬田 私も、子どもが幼稚園のとき、言われましたね。ロングヘアね。子育てするのにその髪はいらないんじゃない？って。

竹山 でも僕がいつも思うのは、結局、人の目を気にしながら生きてるんだけれども、根本は「お前そんなに見られてねえぞ」っていうことかな。

高田 さあ、このお悩みに答えてくれる哲学者は、どなた。あ、ラッセル。

小川 はい。20世紀のイギリスの哲学者。数学者でもあるんですけれども、ノーベル文学賞も受賞しているという、すごい人です。

（今回のゲスト）

カンニング竹山
（かんにんぐ・たけやま）
1971年生まれ。お笑い芸人。90年代にキレ芸で世間を驚かせる。現在は、情報番組のコメンテーターや、ドラマ・映画での俳優など、幅広く活動。

益若つばさ
（ますわか・つばさ）
1985年生まれ。モデル。読者モデルとして人気を博し、着用した服やアクセサリーが飛ぶように売れた。現在はタレントとしても活動。1児の母。

萬田久子
（まんだ・ひさこ）
1958年生まれ。19歳でミスユニバース日本代表、22歳でNHK朝ドラ「なっちゃんの写真館」で女優デビュー。ドラマ、映画、舞台、海外ドラマの吹き替えなど幅広く活躍。

第11回
人の目が
気になる

自分軸のスペシャリスト

バートランド・ラッセル

(Bertrand Russell)

イギリス1872年〜1970年

哲学によって数学の基礎づけを行う数理哲学に取り組む。ホワイトヘッドと共に『プリンキピア・マテマティカ序論』を世に問う。徐々に政治に関心を持ち始め、選挙にも立候補。晩年は平和運動に邁進し、「ラッセル＝アインシュタイン宣言」を発表。ノーベル文学賞も受賞。著書に『哲学の諸問題』、『幸福論』等がある。

何があってもブレない ラッセルの人生と哲学

20世紀の「知の巨人」と讃えられたバートランド・ラッセル。常に世間の目に晒されながらもブレない生き方を貫きました。伯爵家出身の貴族であり、40代のころは、名門ケンブリッジ大学で教鞭をとっていたラッセル。誰もが認めるエリートでした。

ところが……、

１９１４年、第一次世界大戦が勃発。

戦争一色だったイギリス国内でラッセルは、異を唱えたのです。国から要注意人物とみなされたラッセル。同僚はみな、離れていきました。市民に襲われそうになったことも。

意志を曲げなかったラッセルは、大学をクビになります。そして、投獄。

でも、ラッセルは全くめげません。獄中で、こう綴るのです。

「私には牢獄が多くの点で全く快適なことがわかった」

「私はたくさん読んだし『数理哲学序説』という本も書き、『精神の分析』という本のための仕事も始めた」

お考え
プリーズ

世評とは世評に無関心な人よりも世評を怖がっている人に対して暴虐である

ラッセル

バートランド・ラッセル（Bertrand Russell）

ラッセルはまた、愛についてもブレずに理想を追い求めました。

22歳で初めての結婚。
49歳で2度目。
64歳で3度目。
そして4度目……。
理想の愛を見つけたとき80歳になっていました。

これで落ち着くかと思いきや、今度は国の核政策に反対。89歳で2度目の投獄！
世間に何と言われても最後までブレない男、97歳でその波乱の人生を閉じました。

そんなラッセルの「お考え」がこちらです。

萬田　さっきの女性の悩みってこれでしょ。世評を怖がってる。

竹山　わかりやすく今の時代にたとえると、インターネットですよね。SNSとかがそうで、叩かれたりなんだかんだするじゃないですか。そうすると、そこの世界だけを見てるから、世間がみんな言ってるような感じになるんですよね。

益若　正直、かなりきつい口調のものも、いっぱいあるじゃないですか。だから気にしすぎると、ちょっと精神がもたないと思います。

高田　萬田さんは、未婚の母の時代もあったわけだから。実は苦労もあったんじゃない？

萬田　まあ、結果的にそうね。シングルマザーです。当時はそんな言葉すらまだありませんでしたけど……。ニューヨークに行って出産して、子どもを産み育てることになったんです。あのとき一番びっくりしたのは、『FOCUS』とか『FRIDAY』でした。そういう週刊誌が一番お盛んな時期だったので、日本の人がわざわざニューヨークに派遣されていたんです。

竹山 嫌だなっていう気持ちはあったんですか。そういう写真誌が取材に来たりとか。

萬田 全然。自分の中では女優を辞めてましたし。当時の私には、もう出産しかなくて、そのあとのことはあまり考えていなかったと思います。でもその代わり、**いざ日本に帰ってくるときには覚悟がいりました**。

高田 ああ、そうですか。やっぱり覚悟が必要だった？

萬田 ええ。マネージャーにも前もって言われていましたから……。とはいえ、帰ってきて、「これだけ日本の人っていろんなこと言うんだ」と思いました。母親なんかは泣いてたってあとから聞きましたし。でも、そのとき私、本当に人生はオセロだなと思いました。「いいや、最後に白を取れば、全部白に変わるんだ」と。出産を黒とは言いませんよ。ただ、なんとなく、世間の人ってこうやって見ているんだなというふうには思いました。

バートランド・ラッセル（Bertrand Russell）

お考え
プリーズ

突飛な意見を持つことを恐れるな今日認められている意見はみなかつては突飛だったのだ

ラッセル

高田 そんな深い話をしているところなんですけどね、ラッセルさん、もう一つ、「お考え」プリーズ。

小川 これは、常識に反するようなことを言うのを恐れるなという意味です。みんなはこう言うけれども自分は違うと思った。その違うと思ったことを言うことを別に恐れなくていいじゃないかと。

竹山 例えば芸人でも、あいつおかしなことやってるな、変だよなって言われていても、ずっと出続けることによって、それが常識に変わるというか。**気づいたらマジョリティに変わってた**りしますよね。

竹山 昔、どういう漫才をしようかと悩んだりしてました。で、ライブハウスで、お客さんを立たせてばんばん文句言ったりとか、帰れコラとか言いながらやってたんです。はじめはえらいマイノリティでした。テレビも、腫れ物に触るように、ちょっとだけ出そうかって(笑)。最初はそういう感じでやってましたからね。

高田 先ほどのお悩みの方ね、ラッセルの考えを生かすとすると、どうしたら人の目を気にせず楽になれますかね。私たち、世間は気にはなりますよね。

萬田 人の目を気にしていいと思うんですよ、もう。それ性分だもん。気にするのは仕方ない。でもそれをうまく転換していく。いいふうに取るとか、「私のことうらやましがっているんじゃない？」ぐらい強い女になっていくとか。

益若 世間の目を気にしすぎるのはよくないので、できれば、**自分と周りの人との間で新しく常識をつくっていってみては？** 世間の目はちょっと広すぎちゃって、そこまで意識しなくてもいいんじゃないかと思うんです。私も気にしすぎないようにしていきたいです。

バートランド・ラッセル（Bertrand Russell）

まとめ

ブレない心を手に入れるには?

誰しも人の目が気になるものです。特に最近はSNSなどによってすぐに突っ込まれますから、みな余計にびくびくして生きているような気がします。そんな時代を見通していたかのように、ラッセルは世評を気にするからいけないんだということを論じています。

ラッセル自身、世間の目など気にすることなく、自分軸で生きてきた人です。それで成功しているだけあって、説得力があります。今回のゲストは萬田さんも、竹山さんも、益若さんもみんな世間の目に苦しみながら、それでも最後は自分軸で生きることを決め、成功を勝ち取ってきた方ばかりです。

どの方のエピソードにもうなずかされました。特に萬田さんは、当時厳しい声に晒されたにもかかわらず、自分らしく生きることで、そこが世間からの評価につながりました。つまり、一見突飛《とっぴ》な行動や言葉であっても、後になって何らかの理由で世間の受け止め方が変わる可能性もあるということです。

ラッセルはそのことを言っているのです。だから例えば、自分が間違っていないと思うなら、自信を持って突飛なことを言えばいいと。正しさはそのときの大衆ではなく、歴史が証明してくれるということです。

そう思って生きることができれば、たしかにもう恐れるものはありません。ブレることもないでしょう。ただ、問題は、なかなかそこまで思い切れないという点にあります。

ここは番組では深くはやれませんでしたが、おそらくその思い切りの背景には、努力があるのだと思います。これはラッセルの人生を見るとよくわかります。彼の場合は、平和を訴えることが当時突飛な意見でした。国中が好戦ムードにあるとき、一人平和を訴えるのは非国民扱いですから、それで逮捕までされてしまう。

でも、ラッセルは政治や歴史について勉強し、デモや対話を繰り返す中で、確信を得ていったのです。人類は平和でなければならないと。その努力があったからこそ、思い切ることができたのです。

自分を信じるということは、きっと自分の努力を信じるということなのだと思います。なりたい自分になるために、人は努力しているはずです。その努力が本物なら、誰に何を言われようと気にせずできるはず。ゲストのみなさんの話を聞くにつれ、ラッセルのお考えの裏にはそんなメッセージがあるのではないかと思い始めました。これは私にとっても新しい発見でした。

（小川）

第12回

老いていく
自分が
嫌になる

相談者からのお悩み

老いるのが怖い（44歳女性）

老いることが
嫌でたまりません。

若いころは
女性として見られていました。

今は、中年女として見られ、
恋やときめきがなくなりました。

体力もなくなり、
顔も老け、
鏡を見るのが
恐ろしいです。

どうしたら
老いが
怖くなくなりますか？

高田　ということで、44歳の方が71歳の俺に聞くかっていう気もしないでもないんですけれども（笑）。老いが怖いというね。

竹山　僕も怖いには怖いですけど。突き詰めると死が怖いということですよね。

益若　私はまだそこまで。アンチエイジングって言葉は気になりますけど。

萬田　44歳の方でしょう？　その辺の年齢って怖いんだと思う。私みたいに、もうここまで来ると、老いるとか、そういうのはもう度外視ですけどね。

高田　さあ、哲学者でこの悩みに答えてくれる人は。あ、ユングさん。

小川　はい、哲学者というよりは思想家と言ったほうがいいと思うんですけれども。精神科医とか心理学者としても有名で、心を病む人たちの治療に取り組みながら、精神医学界に革新的な理論を提唱した人です。

（今回のゲスト）

カンニング竹山
（かんにんぐ・たけやま）
1971年生まれ。お笑い芸人。90年代にキレ芸で世間を驚かせる。現在は、情報番組のコメンテーターや、ドラマ・映画での俳優など、幅広く活動。

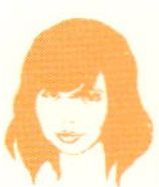

益若つばさ
（ますわか・つばさ）
1985年生まれ。モデル。読者モデルとして人気を博し、着用した服やアクセサリーが飛ぶように売れた。現在はタレントとしても活動。1児の母。

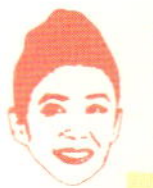

萬田久子
（まんだ・ひさこ）
1958年生まれ。19歳でミスユニバース日本代表、22歳でNHK朝ドラ「なっちゃんの写真館」で女優デビュー。ドラマ、映画、舞台、海外ドラマの吹き替えなど幅広く活躍。

お悩みに答えてくれる哲学者

第12回
老いていく自分が嫌

心のスペシャリスト

カール・グスタフ・ユング

（Carl Gustav Jung）

スイス1875年～1961年

バーゼル大学で医学を学んだ後、精神医学の分野に進み、フロイトから大きな影響を受ける。しかし、後にフロイトと決別したことで、ユング心理学と称される独自の学問を構築するに至る。個人の無意識よりも深いところにある集団の無意識について論じた点が特徴。著書に『タイプ論』、『自我と無意識』等がある。

人の心の成長や変化を見続けた ユングの人生と哲学

精神科医としても超一流だったユング。多くの患者と向き合う中で、「年齢」が「人の心」に大きな影響を及ぼすことに気づきました。

例えば、こんな患者。

教会の世話役をしていた真面目で信心深い男性、45歳。ある日突然、妻にこう言います。

「俺はもともと悪いヤツなのだ！」

その日を境に、真面目だった男性はガラリと変わりました。酒やギャンブルなどの歓楽に人生を費やすようになり、財産の大部分を使い果たしてしまったのです。


ユングはこのように突然豹変する人が、40歳前後に多いことに気づきました。

年齢によって心がどう変化するのかを解き明かそうとしたユング。人生を一日の太陽の動きになぞらえました。

午前は、少年から青年、そして成熟した大人になる期間。体が成長し、仲間や財産も増え、社会的な地位も向上していきます。

午後は、中年から老人。社会的なピークを過ぎ、気力や体力も下り坂になっていく時期です。

ちなみに、みなさんは、今どのあたりですか？

そしてユングが大切だと考えたのが、午前と午後の境目、正午。年齢で言うと40歳前後。正午から午後、「老い」へと向かうこの時期を、「危機の時期」ととらえたのです。

ではなぜ危機に陥るのか。

「お考え」、プリーズ。

カール・グスタフ・ユング（Carl Gustav Jung）

お考えプリーズ

午前の法則を人生の午後に引きずり込む人は心の損害という代価を支払わなければならない

ユング

高田 みなさん、これどういう意味？

竹山 前半部分って、40歳ぐらいまでの自分の考えとか動きとか、好きなものとかそういう人生観。でも、ちょうど正午過ぎた辺りからの後半戦は、その考えのままでいくと、困ることもあるんじゃない、ってことかな。

小川 そうですね。何か困ったことないですか。若いときのままでやっちゃって。

竹山 例えば後輩にきつく言ってたようなことを、**果たして本当にこのやり方でよかったのだろうか**とか。自分に対してもそうかもしれないですよね。

お考え
プリーズ

午前から午後へ移行するとは以前の価値の“値踏みの仕直し”である

ユング

カール・グスタフ・ユング（Carl Gustav Jung）

高田 あ、ユングさん、まだ何かある。では、さらに「お考え」プリーズ。

小川 値踏みの仕直しっていうのは、値段をつけ直す、価値をつけ直すということですね。

益若 10代、20代のころって、無知でもかわいいで済まされますが、今、30代になって、それじゃ済まされなくなってきたと感じます。やっぱり**内面を充実させた女性のほうが、もっと素敵になれる**と思います。

萬田 それを言うとね、私も若いころミス・ユニバースになりました。するとみなさんから、そういう目で見られるんです。それに、どこか乗っかってしまっていた自分もあった。でも、それが効かなくなったっていうのは気づくときがありますよね、鏡を見て。そうしたら次は、年相応の美しさを頑張ろうかなって。

小川 それがうまくできてる人は、すんなりと人生の午後に移行できると思うんですよ。一方、そういう値踏みの仕直しがなかなかできない人は、苦しいんです。

高田 さて、お悩みの方は、このユングのお考え、これをどう生かせばいいんでしょうか。

竹山 その年の色気もあるし、その年のきれいさとかも、特に女性はあるじゃないですか。だから、やっと自分もそこになれたという考えで生きるほうがいいんじゃないですか。

萬田 自分だけが年取るんじゃないですしね。楽しんで老いるっていうのもおかしいですけど、**みんなで一緒に楽しみましょう**、ですよね。いろいろ努力しても、そりゃ赤ちゃんの肌にはならないけど。「よく頑張ってるな私」って自分を褒めて。

益若　私からすると、かっこ良くてきれいな女性が年上にいらっしゃると、希望が持てるんですよね。年齢を重ねることが楽しくなってくるなって思います。あと、そういう方たちって、自分たちのことを「老い」って表現してないイメージです。

萬田　こういう言葉をいただくとうれしいし、頑張ろうって思います。うん、やっぱりこの「老い」っていう言葉って、もう別に、なくしてもいいかもね。

カール・グスタフ・ユング（Carl Gustav Jung）

まとめ

人生の後半も楽しむために

老いを感じる人が多いのでしょうか、最近アンチエイジングなどという言葉をよく耳にします。しかし、アンチエイジングという言葉自体が象徴しているように、年を取るのは自然なことであって、それを否定するのは自然に反することでもあります。

あまり気にしすぎると、やはりどこかで無理が生じると思うのです。例えば、年を取っているのに、それを認めたくないから頑張りすぎてケガをするとか、変に若作りをして人から「痛い」と思われてしまうとか。

そうならないようにするためには、人生のとらえ方を変える必要があります。年齢には抗《あらが》えませんが、気持ちは変えられるからです。そこで今回はユングの思想を参照しました。彼はもともと心理学者なので、心の持ちようで人生を変えるにはぴったりです。

ユングは人生を時計に喩《たと》え、午前と午後では生き方が違うはずだと言いました。つまり午前は人生前半の若い時期、午後は後半の年を取ってくる時期です。にもかかわらず、年を取っても若いころと同じ気持ちでいると、心の損害という代価を払うことになる。ユングはそう警鐘を鳴らします。

これを避けるために、私たちは自分の価値の見直しをしなければならないのです。それがユングの言う「値踏みの仕直し」の意味です。自分の価値を決めるのは自分自身というところは勇気づけられますよね。ミス・ユニバースに選ばれたほどの美貌をお持ちの萬田さんでさえ、いつまでもそれでいくわけにはいかないと、自分を見直されたといいます。

だからこそ、益若さんに言わせると「かっこ良くてきれいな女性」としていつまでも輝いていられるのでしょう。そして人生の後半も楽しんでいらっしゃるのでしょう。そう考えると、いかに自分自身を知るかということが、大切になってくるような気がします。

これから私たちは、人生100年時代を迎えるといいます。番組ではそこまで議論できませんでしたが、この場合ユングの議論はどう当てはまるのか？ なぜなら、これからの私たちの人生には何段階も変化があるように思うからです。

いくら医療が発達するといっても、100年間ずっと同じ身体、同じ気持ちでずっと過ごせるわけではないでしょう。そうすると、ユングの言うように単に午前午後だけでなく、もっと何度も値踏みの仕直しが必要になってくるように思います。さて、みなさんの心の備えは大丈夫でしょうか？

（小川）

第13回

人を妬んでしまう自分が嫌になる

相談者からのお悩み

腹黒い自分にうんざりする（47歳女性）

私は、友人が話すうれしい話や幸せな話を全く喜べません。

例えば、「近所の子が志望大学に合格したのよ！」と言われると、

「すごーい、立派ね〜」
などと返しますが、心の中は逆。

「本当は
『ウチの子も、
合格した子と同じ高校だから、
頭がいいのよ！』って
自慢したいんでしょ！」
などと勘ぐってしまいます。

こんな腹黒い自分にウンザリ！
どうすればよいでしょうか？

高田 お嬢さん方は嫉妬なんかないでしょう？　嫉妬されるほうでしょう。

橋本 いや、私も結構嫉妬深いですよ。自分とちょっと似たキャラの人のＳＮＳをチェックして、いい仕事が決まってたりすると、「決まらなきゃよかったのに」とか。そういうのをちょっと思ってしまう自分がいたりします。

鈴木 今、橋本さんにほとんど言われてしまったなっていう感じで、大丈夫です（笑）。本当にそうですよね。

高田 こういうお悩みに答えてくれる哲学者は？　ニーチェ。有名ですよね。

小川 19世紀の哲学者で、既存の権威とか価値観、そういったものを痛烈に批判しまくった人ですね。でも実は、ものすごい妬《ねた》み屋さんなんです。

高田 そうなんですか。早速そんなニーチェさんの「ご紹介」、プリーズ。

（今回のゲスト）

鈴木砂羽
（すずき・さわ）
1972年生まれ。女優。文学座研究所卒業後、映画で主演デビュー。「スズキサワ」名義で漫画雑誌に連載した経験を持つ。

橋本マナミ
（はしもと・まなみ）
1984年生まれ。女優。16歳で水着グラビアデビュー。「国民の愛人」などのキャッチフレーズで知られる。現在はコメンテーターなどでも活躍。

お悩みに答えてくれる哲学者

第13回
人を妬んでしまう

妬みのスペシャリスト

フリードリヒ・ニーチェ

(Friedrich Nietzsche)

ドイツ1844年～1900年

古典文献学を学んだ後、若くして大学教授になったが、病気のためわずか10年ほどで大学を去る。その後は文筆業に専念する人生を送った。キリスト教を奴隷道徳と位置づけ、「神は死んだ」と宣言。同じことの繰り返しである永劫回帰を乗り越え、強く生きることを主張した。著書に『悲劇の誕生』、『ツァラトゥストラはかく語りき』等がある。

負の感情を乗り越えようとした
ニーチェの人生と哲学

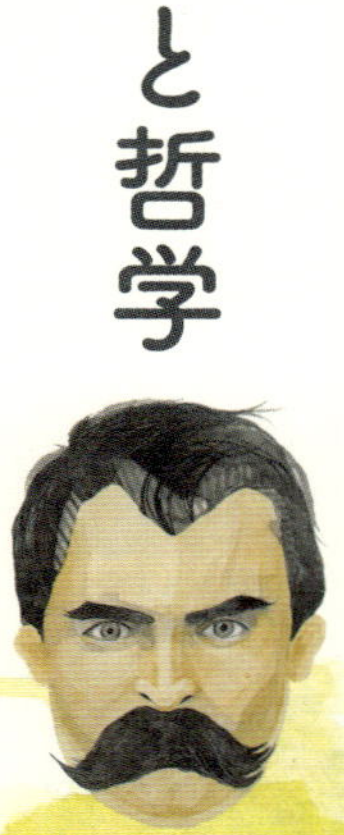

19世紀半ば。ドイツで聖職者の名門家系に生まれたニーチェ。幼いころから〝神童〟と呼ばれ、14歳で特待生として名門校に入学。24歳のときには、大学教授に抜擢《ばってき》されるほどのエリートでした。

そんなニーチェに、運命的な出会いが！

偉大な作曲家、ワーグナーです。

ともに天才と言われた二人は意気投合。当時、ワーグナーは55歳でしたが、31歳という年の差を超えて大親友になったのです。

充実した日々を送りながら、ニーチェは執筆に励みます。そして、27歳のとき、自信作『悲劇の誕生』を出版します。

しかしそれは、当時主流とされていた芸術文化のあり方を真っ向から批判するものでした。これが仇《あだ》となるのです。

学会からは、

「この作者は学問的に死んでいる」

「才気ある酔っ払いだ！」

と酷評されました。

すると……、

「この独創的な作品が、なぜ理解されないのか⁉」

ニーチェは激しい妬みの感情にとらわれていったのです。そして、大親友ワーグナーをも、批判するのです。

「大衆の喝采に満足しきっている堕落した芸術家だ」

二人は、決別。孤独になったニーチェ。30代半ばには、教授の職も失い、偏頭痛などの持病に悩まされるようになります。

こうして苦しみもがきながらも、ニーチェはある考えにたどり着きます。

代表作は『ツァラトゥストラはかく語りき』。当時絶対だったキリスト教の思想に疑問を投げかけながら、人間は、いかにして妬みなどの負の感情を乗り超えるかという考えが詰まった作品です。

ここから、「お考え」プリーズ！

フリードリヒ・ニーチェ（Friedrich Nietzsche）

お考えプリーズ

祝福することのできない者は呪詛することを学ぶべきだ

ニーチェ

高田 呪詛《じゅそ》って、これ……呪《のろ》うことでしょ？

橋本 私は、妬みは結構自分でぐっと堪《こら》えるタイプなんですけど、**どうしても溜まったら女子会（笑）**。悪口の宝庫なんです。結局、妬みってなくせないものなので、そういうところで発散するのが一番いいのかなと思います。

高田 われわれだって劇団の打ち上げのときなんか、みんなで飲んでて、いないやつの悪口言ってると酒うまいですもんね。

小川 そうなんですよね。ニーチェが言いたいのも、やっぱり心の中で、相手を本当に祝福していないんだったら、自分を偽る必要はないじゃないかと。**もっと正直になったほうがいい**ということなんですね。

鈴木 ただし愚痴を言う相手を間違えないこと。全然共感し合えない相手に愚痴っても、全然スッキリしません。これが共感し合える相手だと、高みに上っていくんです。やっぱ、そうだよね、違うよね、そういうことだよね、ああだよねって、前向きになれます。

高田 いい人を演じて悪口が言えない。そういうの、あります?

橋本 やはり好感度は欲しいので(笑)。ここでは結構、本音を言ってますけど。

小川 いい人ぶってずっと溜め込んでしまうと、自分を正当化するために何か言い訳を始める。そういうのを彼は「ルサンチマン」って言ったんですね。そのルサンチマンを抱えてると、やがて自分が腐ってしまう。

高田 なるほど、ニーチェさん。さらにここで、「お考え」をプリーズ。

フリードリヒ・ニーチェ(Friedrich Nietzsche)

お考えプリーズ

人間は動物と超人の間に張り渡された一本の綱である

ニーチェ

高田 この「超人」っていうのが、どういうことなのか、よくわかりませんけど。

小川 超えていく人っていう意味なんです。「超えた人」じゃなくて「超えようとする人」。他者の価値観や世間体に縛られずに、**自分の価値観で目標を決めて突っ走れる人**のことです。

高田 超人になりたいとか、あるいはそれを目指すみたいな人います？

鈴木 うーん。超と人の間に、もう1個言葉を入れて、「超いい人」とかなら、なってもいいかも……？

解説

動物、超人、一本の綱？
ニーチェは人間について
一種の進化論のような考えを持っていました。
後ろに動物。前には「超人」。
そして、人間は超人へと向かう綱渡り師のような存在。
綱渡りを見上げる民衆は世間体に
縛られ綱を渡れない人々。
人間は常に、世間体を
気にせず自分の新しい
価値観を発見できる
超人を目指して、綱渡りを
楽しめる存在でありたい。
そして、超人を目指すということはルサンチマンに
陥《おちい》らないための処方箋でもあると説いたのです。

フリードリヒ・ニーチェ（Friedrich Nietzsche）

高田 なるほどね。超人って、自分の価値観で突っ走れる人ね。じゃあ、今回のお悩みの方は、この考えを、どう生かせばいいでしょう。

鈴木 あんまり隠さなくてもいいんじゃないですかね。そういう**腹黒い自分を認める**っていうこと。ネガティブな感情もちゃんと認めてあげる。自分の腹黒い感情に浸りきっていくと、かえってそういうこともなくなってくるような気がします。そうすると、少しばかり超人にも近づいていくんじゃないかと。

橋本 例えば、自分が好きなことを見つけて、何かに没頭するとか。

高田 つまり……、腹黒い自分を脱いでみる。裸になる。要はそういうことかもしれませんね。

まとめ

ルサンチマンから抜け出すには

人のことを妬むのは、人間のサガだと言ってもいいでしょう。だから、心にも思っていないのにのに褒めると、いやらしい感じになってしまいます。何より自分自身が嫌でしょう。それならいっそ呪えばいい。いかにもニーチェらしいお考えです。

正直になったほうがすっきりするということです。そうでないと、不満を溜め込んでしまう結果になるからです。その結果どうなるかというと、自分を正当化し始める。負けているのは自分のせいじゃないとか、本当はできるけどやらないだけだとか。これがルサンチマンの意味です。負け惜しみみたいな感じですね。

誰だって負け惜しみなんて言いたくないはずです。できればなんとかしたい。では、どうすればいいのか？　それが超人思想なのです。超えていくよう努める人になるということです。なかなか大変そうですが、鈴木さんが言われていたように、まずその一歩として腹黒い自分を受け入れる、認めるというのはいい考えだと思いました。

哲学者は日々理想の状態を考えているので、とかくハードルを上げてしまいがちです。でも、ゲストの方から、もっと身近に実践できる解決のヒントをもらうことがあります。そうすると私も落としどころを見つけやすくなり助かるのですが、今回もまさにそうでした。

結局ニーチェの哲学というのは、逃げるのではなくて、むしろ真っ向勝負を挑むものなのです。とすると、まずは向き直って、受け止めるしかない。超えていくのはそれからです。最後は、自分の価値観で突っ走れる人になればいいのですから。

ニーチェ自身、挫折から精神的に立ち直るには、まず正直になるしかなかったのでしょう。その正直さが受けているわけです。だから偽善を批判したり、道徳さえ疑います。でも、だからといってニーチェは単なる毒舌男ではないのです。彼が本当に目指していたのは、自分の価値観の確立です。

実際、ニーチェは「神は死んだ」の言葉でも知られていますが、これは既存のキリスト教を批判して、新たな神を生み出すための宣言でもあると言われています。彼はツァラトゥストラという新たな神を生み出したのです。言い換えるとそれは自分の価値観の確立にほかなりません。

誰もがそんな自分だけの価値観を確立できたとき初めて、ルサンチマンから抜け出し、人を妬むことなく生きていけるようになるのでしょう。

（小川）

第14回

仕事？家族？
中途半端な自分が許せない

相談者からのお悩み

仕事も子育ても中途半端

（47歳女性）

子ども2人を
育てながら
看護師をしています。

今は看護師のキャリアを
もっと高めたいと思っています。

でも、子どもには
寂しい思いを
してほしくないので
望む仕事が
できていません。

仕事と子育て、
両方とも中途半端な
自分に悩んでいます。

どうしたら
いいのでしょうか。

高田　この人にはぜひ中途半端にならない人生を送ってもらいたいですけど。

鈴木　あの、そんなに自分のハードル上げなくてもいいんじゃないかなって。

橋本　私は20代の仕事を頑張りたかったときに恋愛をやめたんです。でも、今30代になって、やっぱり仕事も結婚もどっちもって、難しいのかなって。

高田　さあ、哲学者の方で、この悩みを答えてくれる人はどなたでしょうか。あ、ドゥルーズ。

小川　ええ。ドゥルーズは20世紀の哲学者で割と新しい現代思想の人ですね。生粋《きっすい》のパリジャン。この方、非常に難しいんですよ、哲学が。だけど、若者にもう絶大な人気があった人です。

高田　ふうん。じゃあ早速、その人気のドゥルーズ、「ご紹介」プリーズ！

（今回のゲスト）

鈴木砂羽
（すずき・さわ）
1972年生まれ。女優。文学座研究所卒業後、映画で主演デビュー。「スズキサワ」名義で漫画雑誌に連載した経験を持つ。

橋本マナミ
（はしもと・まなみ）
1984年生まれ。女優。16歳で水着グラビアデビュー。「国民の愛人」などのキャッチフレーズで知られる。現在はコメンテーターなどでも活躍。

お悩みに答えてくれる哲学者

第14回
中途半端な
自分が
許せない

多様性のスペシャリスト

ジル・ドゥルーズ

（Gilles Deleuze）

フランス1925年～1995年

ポスト構造主義の代表的存在とされる。哲学は概念の創造であると断言し、多くの造語を世に問い、難解とも言われている。精神分析家フェリックス・ガタリと多くの共著を残している。現代思想の分野だけでなく、映画などの文化にも圧倒的な影響を与えた。著書に『アンチ・オイディプス』、『千のプラトー』等がある。

世界の多様性を説いた ドゥルーズの人生と哲学

ジル・ドゥルーズ。フランス、パリを拠点に20年ほど前まで活躍していた哲学者です。ドゥルーズは、マスメディアに出ることを断固として拒否していました。でも唯一、死後発表することを条件に撮影された貴重な映像作品が残されているのです。

タイトルは『アベセデール』。アベセデールとは、アルファベットのこと。ＡＢＣ順に出したテーマにドゥルーズが哲学的に答えていきます。最後のＺまで見るには、およそ8時間かかります。内容は、例えばこんな感じです。

ドゥルーズは、「じゃあ始めようか」と言って、好きなアルファベットを選ぶよう促します。すると質問者は、Ａで始まる「動物（Animal）」をテーマに選びます。

その瞬間、ドゥルーズの哲学スイッチが入ります。彼が気になるのは猫とか犬だそうです。なぜか？　それは、猫や犬がすり寄ってくるのが嫌だからだとか。

普通の言葉で日常を哲学していくその姿からは、彼の残した難解な著作とはまた違った側面が垣間見えます。

お考え
プリーズ

リゾームになり 根にはなるな 何かを生み出すのは 常にリゾームを 通してだ

ドゥールズ

もちろん、こんなたわいもない話題も、最後はちゃんと動物の持つ世界に関する深い話へと展開していくのです。

ドゥルーズはまた、友人の精神科医ガタリと共に自らの哲学や思想をユニークな言葉で表しました。

例えば……？

世界は、卵（ラン）である。

卵（たまご）という言葉を使って、世界は、潜在的な多様性を秘めていることを示したのです。

ちなみに他にも、欲望する機械、襞《ひだ》、器官なき身体、生成変化、無限の速度での俯瞰、など、いろいろな言葉を使っています。

そしてその中から、植物をモチーフにしたある「お考え」が、こちらなのです。

ツリー

高田　その「リゾーム」っていうのが、よくわからないよね。地下茎？　根じゃなくて、地下に広がる茎なんですね。

小川　地中の植物の状態をドゥルーズは、心の状態や、ものの考え方のように見立てたんです。根のほうはツリー構造。で、リゾームのほうは下はもうぐちゃぐちゃぐちゃ。始まりも終わりもない、中心もない。これがドゥルーズはいいと。

橋本　こっちの普通の根だと、1本だけですよね。それだと、頭が凝《こ》り固まっちゃうのかもしれないです。**発想の種類があまりない**って感じがする。

リゾーム

鈴木　こっちのリゾームのほうは、情報とか思想とか、**いろんなものを地下茎みたいに張り巡らせていく**っていうイメージかな。

高田　なるほどね。で、このツリーとリゾーム、今回の相談者の方のお悩みと、どうつながってくるんでしょうね？

小川　要はどういうふうに、考えて生きるかということだと思うんですよ。中心に何かをドシッと据えて、一つのことに向かって努力していくのがいいのか。それとも、中途半端に見えるかもしれないけど、いろんなことやってるほうがいいのかね。

ジル・ドゥルーズ（Gilles Deleuze）

解説

リゾームが何を意味しているのか、
だんだんつかめてきたのではないでしょうか。
さらにドゥルーズは、
「何かを生み出すのは、常にリゾームを通してだ」
と言っています。
なぜリゾームだと、何かを生み出せるのでしょうか？

橋本 ツリーは不器用じゃないですか。一つのことしかできないから。今、私リゾームみたいになってます。グラビアもバラエティもドラマも映画もコメンテーターもやらせていただいてます。たしかに中途半端になっているかもしれないんですけど、今はすごく充実していて楽しいんです。

鈴木 私も10年以上女優一本でやってきたんですけど、実は、漫画を描いたり絵を描いたりもしてきたんです。そこからまた発展して、舞台の演出やプロデュースを手掛けたり。新しい根になってくるところには、新しいことやひらめきがあって、それが発展して、全部つながっているので、やっぱり、私もリゾームちゃんなのかな、なんて思います。

小川 そこが、このリゾームの面白さだと思うんですよ。**つながっているから、どこかで絶対影響し合う**。で、それによって、別の部分が花開いたり。

高田 はい。じゃあ、相談者の方へのお答え。要するにキャリアを高めるか子育てを頑張るかどうしましょう。

ジル・ドゥルーズ（Gilles Deleuze）

橋本 **どっちも取っちゃえばいい**んじゃないですか？ 仕事をしている女性っていうのはすごくかっこ良くて、子どもはその姿を見て、お母さんみたいになりたいとか、思うんじゃないかな。私の母もハウスクリーニングの仕事を自分で立ち上げて、子育てと両立していたんです。

鈴木 こうやってリゾーム的な考え方をすると、それも、ある側面、これも、ある側面って、だんだん一つの立体ができあがっていくような気がします。この方の**キャリアと子育ても、つながってくるときがある**んじゃないんでしょうか。

まとめ

多様性の中で生きる

あれもしたい、これもしたい。でも、だからといってすべてを完璧にやるのは不可能です。昔はよく一つのことに専念しなさいと言われましたが、今はそうではありません。むしろ副業が勧められるような時代です。かといって、何もかも中途半端というのは嫌でしょう。さて、どうすればいいのか。

そこで今回紹介したのは、ドゥルーズの思想です。現代思想の中でもかなり難解な思想ですが、図を使ってわかりやすく説明してみました。一本太い幹や根があり、そこから枝が派生しているツリーの図と、地下茎がぐちゃぐちゃに絡まったようなリゾームの図です。

まずは出演者のみなさんに、それらが何を意味するのか考えてもらいました。哲学はいきなり答えを言うのではなく、まず自分で考えてみることが大事ですから。そんな中で橋本さんが、これらが異なる二種類のものの考え方であることに気づきました。

ツリーは一つの原則を立てて、そこから派生していくものとして理屈を考えていく方法。それに対してリゾームのほうは、始まりも終わりも中心さえない、柔軟な思考。これを生き方に当てはめると、ツリーのほうは一つの仕事に専念するということになるのでしょう。そしてリゾームのほうは複数のことをやって、それが総合的に意義を持つという感じです。

複数のことをやっていても、決して中途半端だとかネガティブにとらえないところがポイントです。鈴木さんも言われてましたが、いろんなことをやっていると、それが立体的に一つの大きな形になっていくのかもしれません。鈴木さん自身がそういう生き方をされているからです。私も大学の教員、作家、哲学の活動家、家庭人等として複数の日常を生きているので、この感覚はよくわかります。

最初にドゥルーズの基本的な考え方として、卵（ラン）という概念を紹介しました。卵はさまざまなものに変化していくものの象徴です。生み出しつつ変化するという生成変化の象徴と言ったほうが正確かもしれません。

いろんなことをしながら、人は常に生成変化していく可能性を秘めているのです。特にこれからの時代はそうです。ぜひ前向きに、多様性の中で生まれる変化を楽しみながら生きてみてはいかがでしょうか。

（小川）

第15回

自分の意見が持てない

相談者からのお悩み

自分の意見が持てない

（20歳男性）

他人の意見に
影響されやすいです。

家族や友達の意見だけでなく、
情報を集めやすい
テレビやネットからも影響を受け、
自分で考えることが少なくなりました。

何を言っても
自分の意見であると
自信が持てません。

どうしたら
自分の意見を持つことが
できるのでしょうか。

高田 ということで、今の若い子、意見を持てないって多いですよね。

水道橋博士（以下 博士） よく、聞きますけどね。

池田 私、もうすぐ二十歳になるんです。この相談者の方と同世代ですね。

鈴木 子どもが一人いるんですけど。確実に自分の意見が生まれたのは、母になってからですね。自分の意見に初めて自信が持てたというか。

高田 なるほどね。母親として、いろいろ大変なこともあるからね。さて、このお悩みに答えてくれる哲学者は。あ、モンテーニュさんが唯一人。

小川 はい。モンテーニュっていうのは貴族出身で、16世紀、ルネッサンス期のフランスを代表する哲学者の一人です。後世の哲学者に多大な影響を与えた人なんですね。

（今回のゲスト）

池田美優
（いけだ・みゆう）
1998年生まれ。モデル。『TOKYO GIRLS COLLECTION』をはじめ、多数のファッションショーに出演。近年はバラエティ番組等にも出演。愛称は「みちょぱ」。

水道橋博士
（すいどうばしはかせ）
1962年生まれ。お笑い芸人。ビートたけしに憧れて上京し、弟子入り。浅草キッド結成。コメンテーターやライターとしても活躍。

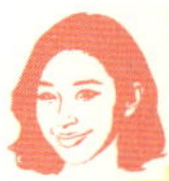

鈴木紗理奈
（すずき・さりな）
1977年生まれ。タレント。バラエティ番組やドラマ、映画、CMなどに出演。現在、シングルマザーとして息子を育てている。

お悩みに答えてくれる哲学者

第15回
自分の意見が持てない

随想のスペシャリスト

ミシェール・ド・モンテーニュ

（Michel de Montaigne）

フランス1533年～1592年

貴族の出身で、もともとは法学を学び法官として働いていた。その後相続した城館に籠って隠棲し、執筆を行った。懐疑主義の立場から徹底的に人間の生き方を探究することで、ホッファーなど後世の思想家に大きな影響を与えた。随想形式で思うがままに思想を論じたモラリストの代表的人物。ボルドー市長も務めた。著書に『エセー』がある。

身近なテーマを書き続けた モンテーニュの人生と哲学

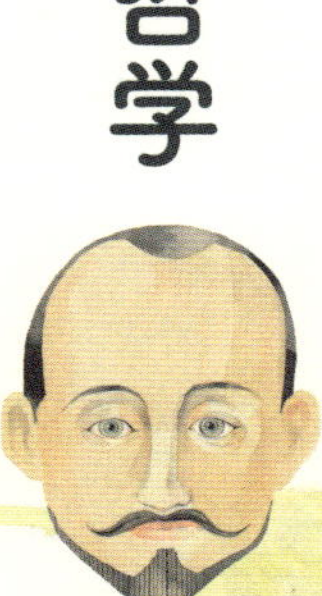

ワインで有名なフランス、ボルドー近郊で生まれたモンテーニュ。育ったのは、その名もモンテーニュ村。この地を治める貴族、モンテーニュ家で英才教育を受けます。

しかし、10歳のとき、ある大事件が起きます。それは……、

当時信じられていた「天動説」が否定されたのです。

地球を中心に天は動いているという考え。これが、太陽が中心で動いているのは地球であるというコペルニクスの「地動説」に変わったのです。3000年もの間信じられてきた常識が大きく覆《くつがえ》った瞬間でした。

後にモンテーニュは、こんな言葉を残しています。

「クセジュ（Que sais-je?）」。直訳は、我何をか知る。

私は何を知っているのか？　何も知らないんじゃないか？　常に常識を疑うことの大切さを説いたのです。

その後モンテーニュは、22歳で裁判官に。しかし同僚の不正、裏切りを目にし、人間不信から

『エセー』のテーマ

後悔について
怒りについて
良心について
酩酊について
嘘つきについて
仮病を使わないこと
子どもの教育について
人の死の判断について
親指について ……etc.

うつ病に。こうして、故郷の実家に戻ります。

そんなモンテーニュが始めたのが「書くこと」でした。

「後悔」「怒り」「良心」など、身近なことを日々、20年以上にわたって書き続けました。

はじめは読んだ本の引用が多かったのですが、次第に自分の考えを書くようになります。

それをまとめたのが著作『エセー』です。

エセーとは、フランス語で「試す」という意味。今の「エッセイ」の語源となった言葉です。

今回は、人類初のエッセイから、とっておきの「お考え」を紹介します。

ミシェール・ド・モンテーニュ（Michel de Montaigne）

お考えプリーズ

他人の知識によって物知りになれたとしても賢くなるには自分自身の知恵によるしかない

モンテーニュ

小川 モンテーニュも『エセー』の前半は、他人の意見、本を読んだものを自分で写すような感じで書いてたわけですね。で、だんだん自分の意見を持つようになって、後半は本当に自分の意見を書き出したということなんです。だから、**大量の知識を自分の中に入れて、それを自分でどうやって選んでいくか**なんですよね。

高田 なるほどね。みなさんは、正しい情報の選び方って、どうしてます？

池田 自分が一番信頼している人の意見を受け止めます。私、物知りな人好きなので。

博士　僕はTwitterとかＳＮＳ全般やってますけど、ブロックをしないって決めてます。

鈴木　それ、気分が滅入ったりしません？

博士　むしろ、炎上を恐れず。もう、僕なんかは「**炎上で暖を取る**」っていう（笑）。そうしないとやっぱり一方向に持っていかれるし。

小川　博士は懐疑主義だと思うんですよね。自分の考えも正しいのかどうか、いろんな人の意見も聞いて、ちょっと疑ってみようという。モンテーニュの「懐疑主義」という立場です。

鈴木　私は、情報には全部何か意図があると思ってます。その人はどうしてそれを発信してるのか、どう思わせたいのか。ネットにあふれる意見も、この人がこの人を褒めてるのはなんでだろうとか。で、その人のサイトを見にいったり……。

小川　それもまさに懐疑主義ですよね。

ミシェール・ド・モンテーニュ（Michel de Montaigne）

お考え
プリーズ

誰もが自分の前を見る 私は自分の中を見る 絶えず自分を観察し、点検し、吟味する

モンテーニュ

高田 さらに、「お考え」です。「絶えず自分を観察し、点検し、吟味する」。どうですか、普段こういうことをやってる人はいますか？

小川 モンテーニュは書くことで自分を確かめたわけですが。

池田 私も昔はすごくやってました。ブログは小学校から書いてたんで。今は、昔ほどなんでもかんでもは書かなくなりましたけど。

博士 僕はもう日記マニアで、自分の55年間の人生の中で日記のない日のほうが珍しいんですよね。自分を観察し点検し吟味するっていう、自問自答がもう癖なぐらい、常にやっ

ていて。芸能界でブログを初めて始めて、1997年から21年間、365日、1日も欠かさず7000日以上、書き続けているんですよ。

鈴木 私もすごく書きます。日記も書くし……。例えば、「嫌だと思った」「なぜ嫌だと思ったか」「どのことが、どうしてその人が嫌だと思った」っていうふうに追究していって、自分の意見を鉄で固めていく感覚で書きます。で、最終的な意見を覚えておいて、とっさに言わないといけないときにそれが出るようにします。

全員 あー、なるほど。

高田 みなさんが、周りに流されずに、自分の意見を持つために心掛けていることってありますか?

博士 **自分の意見を持つことは、孤独なこと**ですよね。だから、「それでよし」って覚悟を決める。そうでないと耐えられないと思います。覚悟がない人っていうのは、自分が自分の意見を

ミシェール・ド・モンテーニュ(Michel de Montaigne)

持つことに対する不安があるじゃないですか。孤立するって思っちゃうから。

鈴木 私、勇気もらいました！「意見を持つということは孤独」って聞けてよかったです。私は毎日寝る前に、自分はこんなふうにして生きてきたから、この意見で大丈夫、自信を持って眠りましょうって毎晩一人で考えるんです。でも、なんだか怖くなるんです。

高田 素晴らしい、博士。まず一人救いましたよ。じゃあ今回のお悩みの方は、みなさんどうでしょう。モンテーニュの「お考え」をどう生かすか。自分の意見が持てない方に対して。

池田 別にそのままでいいんじゃないかなって。たぶん**自分の意見が言えるときが来るんじゃないかな**って私は思うので。だって、これから先、長いですもん。

博士 自分の意見がないっていうことは、自分の意見を書き記すこともできないわけじゃない？だからまず自分に書き記すこと。読者は自分一人かもしれないけど、その**自問自答から始めてみる**といいと思う。

小川　書くのも大事ですけど、誰かと話しながら自分の考えを確認するっていうこともありますよね。

博士　対話は他人の意見が差し挟まれるわけじゃないですか。だからその対話によって自分が磨かれるとか、自分の意見が強化されるっていうのは、もちろんありますよね。

高田　もしかすると、二十歳で自分が意見を持てないっていうことを考えるようになったっていうことも、一つの進歩かもしれないしね。

ミシェール・ド・モンテーニュ（Michel de Montaigne）

まとめ

自問自答のレッスン

自分の意見を持つというのはそう簡単ではありません。特にこのインターネット隆盛の情報過多の時代には。いったいどうすればいいのか？　現代社会においてまだ答えの出ていない問題こそ、哲学の英知に耳を傾けてみるとヒントが得られることがあります。なぜなら、哲学の英知には長年の吟味に耐えた普遍性が宿っているからです。

今回はそんな普遍的英知の中でもモンテーニュの『エセー』を取り上げました。なぜなら、この本はまさにモンテーニュが多くの情報に惑わされることなく、自分の意見をつくり上げていった過程がそのまま記されているからです。

20年以上かけて自分の考えを書き綴った、とても分厚い本です。その前半は、実は古典の解釈でした。ところが、後半は自分の考えを突き詰め始めます。モンテーニュは気づいたのです。いくら情報があっても、物知りにはなれても賢くはなれないと。賢くなるには、自分で考えるしかないということです。

だからこそ、自分の外に答えを求めるのではなく、自分の中に答えを求めよと言います。これはすぐにインターネットに答えを求める現代人には耳の痛い話です。もちろん最初は情報を集める必要はあるかもしれませんが、それで終わるのではなく、きちんと自分はどう思うのか考える必要があるということです。

そうしてその結果を文章にして書いてみる。なぜそこまでやらなければならないのかというと、考えは言語化しないと明らかにならないからです。実はこれは哲学の基本でもあります。思考と言えるには、それを言葉にすることまで含まれるのです。

日常においてもそうだと思います。言葉にできないような場合は、考えたとはみなしてもらえません。その意味では、日ごろから考えたことを言葉にするトレーニングを積んでおいたほうがいいでしょう。ブログでも日記でもいいと思います。

水道橋博士は昔からずっと日記を書かれているそうですが、あの知的な雰囲気はそこから来ているように感じました。ご本人はキャラクターとしてやっていると言われてましたが、決してそうではないと思うのです。自分の思ったことを言葉にする習慣が、逆に自分の思考を磨くことになっているのでしょう。だからこそしっかりとした自分の意見を持たれているのだと思います。

自分の意見を持てないと感じる人は、ぜひ思いを文字にすることをお勧めします。SNSやメモなどなんでもいいのです。自分で自分に問い、考えを言葉にしてみてください。

（小川）

第16回

マニュアル依存な自分。想定外に対応できない

相談者からのお悩み

マニュアルがないと不安になる（32歳男性）

私は営業の仕事をしている
32歳の会社員です。

自分で言うのも変ですが、
マニュアルどおりに
仕事をするのは得意です。

ただ、想定外のことが起こると
頭が真っ白になって、
どうしていいか
わからなくなります。

「自由にやっていい」というのが苦手。
最近では、何か想定外のことが
起きるのでないかといつも不安です。

どうしたらいいのでしょうか。

鈴木 私はマニュアルのことをマニュアルどおりこなしていると、精神不安定になってくるタイプです。常に違うことをしていないとだめです。

池田 私もマニュアル気にしたことないですね。そもそも、マニュアル自体があるのかないのか……。

博士 マニュアル依存っていう言葉に依存してるっていう気もするんですよね。みんなマニュアルって言葉があるとマニュアルに依存していく。そして依存症だからだめだっていうことに、今度は逆に依存するとか。

高田 このお悩みに答えてくれるのは、レヴィ＝ストロースさん。

小川 はい。フランスの哲学者なんですね。彼の哲学の原点は野生にあったんですよ。それがもう、世界に衝撃を与えました。

（今回のゲスト）

池田美優
（いけだ・みゆう）
1998年生まれ。モデル。『TOKYO GIRLS COLLECTION』をはじめ、多数のファッションショーに出演。近年はバラエティ番組等にも出演。愛称は「みちょぱ」。

水道橋博士
（すいどうばしはかせ）
1962年生まれ。お笑い芸人。ビートたけしに憧れて上京し、弟子入り。浅草キッド結成。コメンテーターやライターとしても活躍。

鈴木紗理奈
（すずき・さりな）
1977年生まれ。タレント。バラエティ番組やドラマ、映画、CMなどに出演。現在、シングルマザーとして息子を育てている。

お悩みに答えてくれる哲学者

第16回
想定外に対応できない

野生のスペシャリスト

クロード・レヴィ=ストロース

（Claude Lévi-Strauss）

ベルギー ☞ フランス 1908年〜2009年

高校の哲学教師としてキャリアをスタートした後、ブラジルのサン・パウロ大学に社会学講師として赴任。現地の部族を調査研究し、文化人類学に転向する。その後、構造主義を確立してブームを巻き起こした。未開民族の思考の強靭さを説き、西洋近代の優位性を覆《くつがえ》そうと試みた。著書に『悲しき熱帯』、『野生の思考』等がある。

人間の根源的な知を発見した レヴィ＝ストロースの人生と哲学

20世紀初頭、パリで育ったレヴィ＝ストロース。

当時は、機械化が進み、大量消費の時代。モノがあふれ、人々は便利な生活を謳歌していました。

しかし、レヴィ＝ストロースは違和感を感じます。実は、彼は25歳のとき、西洋文化から逃れるようにブラジルの奥地に向かったのです。そこでレヴィ＝ストロースは、彼の哲学の根幹となる「先住民の暮らし」と出会い、研究を始めます。

例えば住居。

先住民たちは身の回りの葉っぱや木の枝をうまく使い、自分の手で作っていました。

例えば目薬。

専用の容器などないため、葉っぱを円錐状に丸めて使っていました。

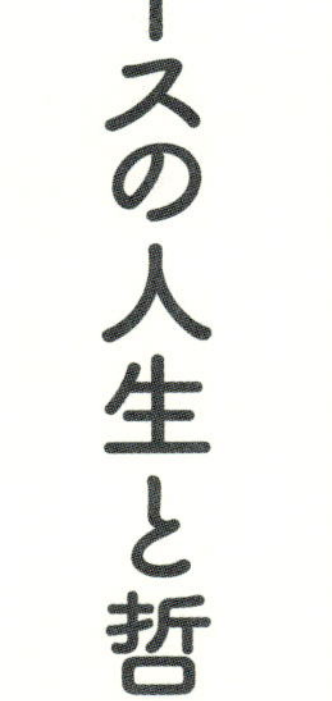

お考え
プリーズ

"あり合わせの知"こそ最強の知性である

レヴィ=ストロース

クロード・レヴィ=ストロース（Claude Lévi-Strauss）

文明的には遅れているように見える先住民の暮らし。しかしそこには、その場にあるモノでなんでも作り上げてしまう知恵と工夫があふれていたのです。

1962年。レヴィ=ストロースは、『野生の思考』という本を書き、先住民から学んだ哲学をまとめます。

この考えは西洋社会に大きな衝撃を与え、大ベストセラーになりました。

そこからの「お考え」、プリーズ！

鈴木 あり合わせ？　身近なところで言うと、料理ってあり合わせでよく作りますけど。

高田 なるほどね。それ、じゃあ最強の知性だね。

博士 完成形に向けての設計図があるものっていうのは、設計図どおりにやっちゃいますからね。だけど設計図がないところでできるっていうのが、知性だと思いますよ。

高田 マニュアル以外ですもんね。

小川 今、設計図って言われましたけど、そういうのをエンジニアリングって言うんですね。設計図があってそれどおりに作っていくっていうことですね。それに対して、ブリコーラジュっていうことを言ったんですよ。

小川 これはどういうことかっていうと、ごまかすとか繕《つくろ》うっていう語源のフランス語ですね。略してブリコレっていうんですが、**その辺にあるものを使って、そして間に合わせる**という、そういう感じですよね。

高田 例えば、なんだろうな。

池田 気に入らないTシャツとかは自分で切ったりしちゃいます。そういうのもそうなんだ。

博士 例えば人生なんていうのは結構マニュアルどおりレールが敷かれてたって自分の中では思いますよね。親の職業を継ぐとか、なんか親が望むような生き方をしていたと思うんですけど。予定、想定できることがすごく嫌だったんですよ。それ、10代のときは、めちゃめちゃ嫌でしたね。

エンジニアリング
ブリコラージュ

クロード・レヴィ=ストロース（Claude Lévi-Strauss）

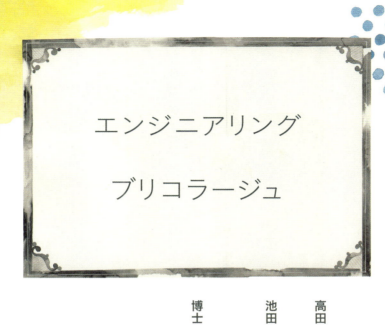

高田 そうなんだ。意外とレールなさそうな感じがしますけどね。

博士 僕は僕自身の意思でレールを外して、親に勘当されて。で、家出して、たけし軍団に入るっていう。

高田 たけしさんに会ったのは、自分から求めて会ったわけでしょ?

博士 はい。たけしさんは本当に破壊者じゃないですか。さまざまなジャンルを破壊して、お笑いの自分より上の世代、例えば欽ちゃんなんかを否定しながら上に上がっていくっていうのは、それまでの決められたマニュアルを全部破壊している人だから。その破壊してる人に学びたい、その破壊そのものを。そう思ったんです。

高田 なるほどね。ここで、レヴィ=ストロースさんが、まだまだ言いたいことがあるみたいなので、さらに「お考え」、プリーズ。

お考えプリーズ

概念ではなく記号を使え

レヴィ＝ストロース

クロード・レヴィ＝ストロース（Claude Lévi-Strauss）

高田　ん？　概念ではなく記号を使えというのは……、携帯でいろいろ絵文字を使うことですか？？？

池田　そういうのじゃないと思います（笑）。

高田　どういうこと、これ？

博士　どういう意味だろう。

鈴木　どういう意味でしょうね。「記号を使え」がわからない！

高田　これ、もう少し詳しく解説してもらいましょう。

記号　概念

解説

「概念ではなく記号を使え」とは、
どういうことなのでしょうか。

コップを例に考えてみます。
まずは概念でコップを見てみましょう。
コップの概念は、液体を入れて飲むもの
です。

これを記号で見てみると……
口が開いており、周りが囲まれて、
液体が漏れないもの。

この3つを満たすのはこんな記号です。
この記号に当てはまるものであれば、
液体を入れて飲むことができます。

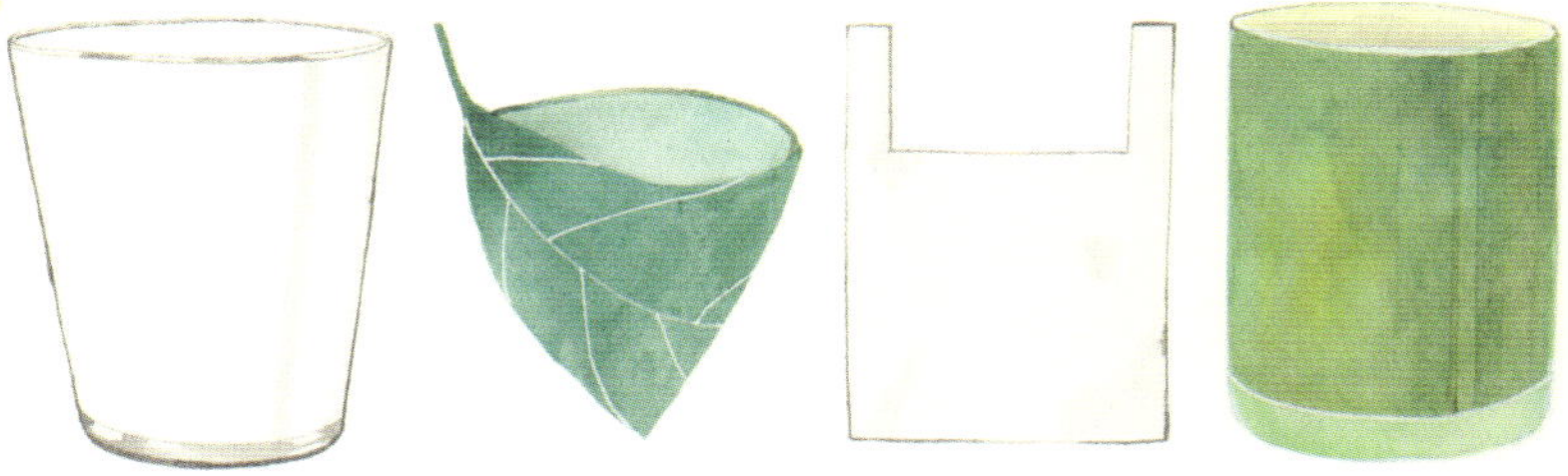

例えばこちら。

竹。

ビニール袋。

くぼみを作った葉っぱ。

これらはすべて、この記号に当てはまるので、コップの代わりになります。

記号で物事を見ることが「あり合わせの知」の実現につながると、レヴィ＝ストロースは説いたのです。

クロード・レヴィ＝ストロース（Claude Lévi-Strauss）

高田　ということで概念と記号という関係、みなさん、おわかりになったでしょうか。

池田　うーん、難しいな～。

小川　じゃあ、ここで一つ実践です。**ざるを記号で考えると、どのようなものになるのでしょうか？**　一緒に考えてみましょう。コップはUの形でしたよね。ああいう感じでちょっとイメージを描いてみてください。

小川　じゃあ博士から見せてもらいましょうか。はい、お願いします。

博士　いや、これ記号になってるかどうかわからないですけど。

池田　私は本当に記号、シャープ。網状みたいな。

高田　私はこう。空いているところから、落ちるものは落ちちゃうから。

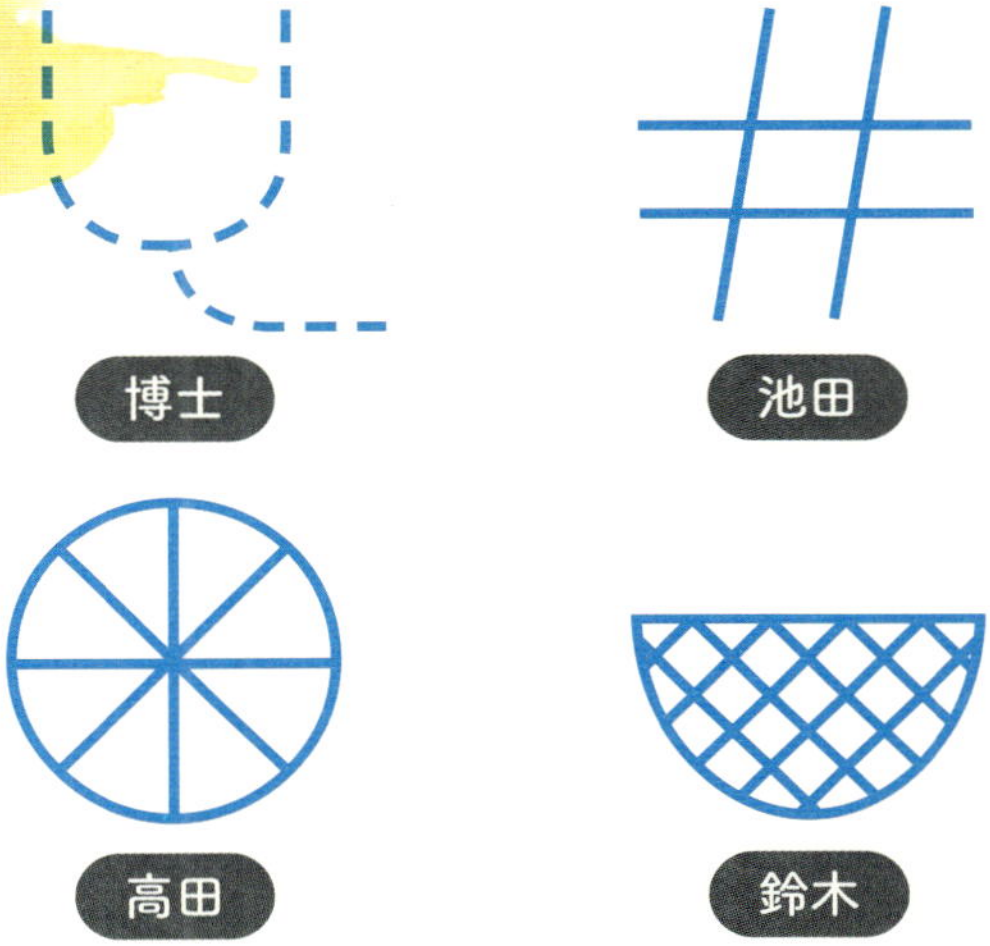

鈴木 私、液体がこぼれる網目状。口が開いてラウンドしている。

小川 なるほど。ではさらにここで、みなさんが考えた、ざるの記号。この記号に当てはまるモノを考えてみてください。

鈴木 サマーバッグ。

小川 はい。あれ、網目になってますよね。

池田 普通に網戸の網。一部を切り取っちゃえば問題ない。

鈴木 バリのインテリアのライト。この服とか、レ

クロード・レヴィ＝ストロース（Claude Lévi-Strauss）

ースの服。カップラーメンのカップに穴を開けるとか。

博士 ストッキング。虚無僧《こむそう》の帽子。

小川 どうやって、これ、みなさん探されました？

高田 **「網で水を切る」っていうことを考えて**……。

小川 ざるを想像して。そこなんですよ。

鈴木 肩書きにとらわれない。ざるはざるって覚えてるけど、網の丸いものっていう認識だけをしておく。肩書きにとらわれると、例えば、スカートはスカート（＝概念）として履いてしまう。そうではなくて、筒状のきれ（＝記号）としてとらえることもできます。

小川 はい。たぶん先住民たちは、そういうことを日ごろからやってるんですよ。

高田 頭、使ってるんだよね。われわれが子どものころも、物がないからちょっとした木の棒で鉄砲を作ったりとか、いろんなゴム鉄砲みたいなのとかさ、代わりになるものをずいぶん考えましたよね。

小川 昔のほうが野生の思考が働いていたのかもしれませんね。

高田 では、お悩みの方、レヴィ＝ストロースのお考え、どう生かせばいいですか。

鈴木 なんでしょうね、マニュアル以外。この方の場合は、仕事を記号化する。**営業こそマニュアルどおりじゃだめですよね**。人の心をつかむ仕事ですからね。

池田 私の兄貴は今、営業の仕事をしてるんですけど。たまにちょっとうまくいかなそうだなって思ったときは、私の名前を出すらしいです。やめてとは言ってますけど（笑）。

小川 いや、でもそれは記号化した結果だから、お兄さま、そうやってブリコラージュされてる

クロード・レヴィ＝ストロース（Claude Lévi-Strauss）

んじゃないですか（笑）。

高田 普通、マニュアルどおりの仕事ができる人もなかなかいないから、マニュアルどおりの仕事ができるっていうこと自体、もう想定外なんじゃないの？

博士 一番最初に困るのはマニュアルもできない人ですよ。

小川 これ、だから両方必要なんですよ。マニュアルどおりにできることも大事だけれど、ブリコラージュもできる。それも大事ということです。

高田 どっちも大事。だから僕なんかもマニュアルどおりにやってるから、この人生相談室の室長も、半年もったっていう感じが（笑）。

鈴木 うそばっかり。想定外のことしか言わないですよ、もう（笑）。

まとめ

野生の勘を磨け

マニュアル人間。なんとも嫌な響きです。決められたとおりにしかできないというニュアンスです。でも、現代社会はそういう人が増えているのだと思います。世の中はどんどん複雑になっていきますから、マニュアルがないとわからない。

その典型がコンピューターのマニュアルです。ただ、それを理解できる人は少ない。だから困ってしまうわけですが。そんなとき、無理に複雑さに合わせるのではなくて、いっそ野生に帰ったほうがいいんじゃないかというのが、レヴィ＝ストロースの提案なのです。

その名も「野生の思考」を掲げて登場したレヴィ＝ストロース。彼が言いたかったのは、未開の民族のように、一見文明に劣ると思われている人たちのほうが、実は強靭な思考を持っていることがあるということです。

それが、日曜大工のような即興的知を意味するブリコラージュです。器用仕事などと訳されます。具体的には、概念ではなく記号でとらえるという発想に着目しました。概念というのは理屈ですから、マニュアルみたいなものです。それに対して記号というのはイメージです。出演者のみなさんと実験したように、ざるが必要なとき、絶対ざるでなきゃだめだと考えるのが概念の発想です。ざるとはこういうものだと定義して、あるいはざるの設計図を見て、ざるを探したり作ったりしようとする態度です。

でも、いざというときにそんなに都合良く、ざるの材料も設計図も手に入るかどうかはわかりません。そこで出演者のみなさんには、ざるをイメージしてもらって、それに取って代わるようなものを挙げてもらったのです。

水道橋博士からは、お約束のようにストッキングという答えが出ていましたが、まさにその発想なのです。こういうときは想像力が旺盛な人ほどイメージする能力に長《た》けているので、強いのかもしれませんね。

みちょぱさんのお兄さんが、自分の妹が有名だという話を出して営業に生かしているというのは面白かったですが、それも野生の思考だと思います。見事にブリコラージュされているように感じました。サバイバルするためには野生の勘が必要なのです。これはいくら時代がハイテク化しても同じです。だって無人島に漂着したら、いまだに野生の勘だけが頼りですから。

スマホもいいですが、日ごろから地頭を磨いておく必要があります。その意味では、やっぱり哲学もやっておいたほうがいいですね。

（小川）

おわりに

世にも贅沢な人生相談室が生まれたきっかけ

悩み多き人生。仕事のコト、子育てのコト、親のコト、友人関係のコト、パートナーのコト……。なんだかスッキリしない、モヤモヤした中で、時間がなんとなく過ぎていってしまう毎日。

「なんだかなあ…」。お悩みからなかなか抜け出せないとき、みなさんはどうしていますか？ 手相占い？ タロット占い？ 友人に話を聞いてもらう？ でもみな忙しそうだし……。

そんなとき、古今東西で活躍した世界の哲学者が、突然私たちの目の前に現れて、モヤモヤを聞いてくれたら、何と言ってくれるのだろう？ 「そんな贅沢な人生相談室がほしい！ 私だったら、行ってみたい！」。このような妄想から企画は始まりました。

きっかけは2015年、NHKの朝の情報番組『あさイチ』の特集企画で、ある女性ディレクターが「今、女性向けの哲学本が売れています」と報告してくれたことでした。ノウハウ情報が多い朝の番組で哲学を扱うことは大変珍しかったのですが、哲学特集をいざ放送してみると、30〜40代の女性から大きな反響がありました。

特に好評だったのが、「みなが好きな哲学者の名言集」を紹介するコーナーで、そこに哲学者の仮面をつけた人たちを登場させたのです。まさに古今東西の哲学者がスタジオに大集合した瞬間でした。そして、その際にご協力いただいたのが山口大学の小川先生です。小川先生は当時から数々の著作物を出版されていましたが、初めて出演の相談をしたときにおっしゃった一言が今でも忘れられません。

「私は、どんなお悩みも哲学の話でわかりやすくノックアウトしてみせます。哲学界のイチローですから(笑)」と。

しかし、現代日本人の悩みに古今東西の哲学者の難しい言葉や考えがそのまま当てはまるということは、実はなかなかありません。哲学者は紀元前に活躍したプラトン、アリストテレスのような方もいらっしゃれば、老子のように伝説のような方もいらっしゃる。生きた時代背景もつむぎ出す言葉も、現代の私たちとは大きく異なっています。まさに、そこは番組の生みの苦しみです。

番組スタッフは相談者からのお悩みが届いた後すぐに、徹底的にリサーチを開始します。「このお悩みに答える哲学者は、誰が一番よいのか?」「もっとよい哲学者がいるのでは?」「もっとよい言葉があるのでは?」。まるで世界中に哲学者を探しに行く感じです。その結果を小川先生と議論に議論を重ねて生まれたのが、この番組です。

哲学者は、一生をかけて、そのテーマに向き合い、人生をかけて、一つの答えにたどり着いています。時には人生を投げ捨てて、人間が生きていく上で必ず出てくる悩みに、普遍的な答えを導き出しているのです。そしてその考えは、時代を超えて、受け継がれ、議論され、さらに深まっていきます。その考えを私たちは参考にしない手はないのです。参考にしないと、もったいないのです。

普段は忙しく、なかなか立ち止まって考える時間をつくることができない方も多いかと思いますが、番組のエッセンスを凝縮した本書を通して、ぜひ古今東西の哲学者の「お考え」に触れ、明日から、ちょっと心豊かに、ちょっと心軽く、毎日を過ごしていただければ幸いです。

NHK編成局　コンテンツ開発センター　チーフプロデューサー

誉田朋子

制作の現場から

NHK制作班

このたびは、書籍版『世界の哲学者に人生相談』をお手に取っていただき、ありがとうございます。この場をお借りして、番組制作を通じて出会えた素敵な方々にも感謝の思いを述べさせてください。

まず、スタジオにお越しいただいたゲストのみなさまです。

レヴィナスを紹介した「孤独」の回。石井竜也さんは人生のどん底で味わった壮絶な孤独体験と、そこを抜け出すきっかけについて、時に涙を浮かべながら、語ってくださいました。

「死・死別」の回。哀川翔さんは、衝撃の心肺停止の体験や、大好きなカブトムシと命について、時に真剣に、時に楽しく語ってくださいました。

「老い」の回では、萬田久子さんとカンニング竹山さんが素敵な年の重ね方を、「仕事」では、ヒロミさんといとうあさこさんが仕事を続ける覚悟と喜びを、「嫌な記憶」では、磯野貴理子さんが母親との複雑な思い出を語ってくださいました。

他にも、ダイアモンド✡ユカイさん、水道橋博士さん、鈴木砂羽さん、鈴木紗理奈さん、坂下千里子さん、橋本マナミさん、池田美優さん、益若つばささん、最上もがさん、遼河はるひさん、河北麻友子さん、俳優や歌手、お笑いなど、厳しい芸能の世界で成功を収めてきた一流の方ばかりです。苦しい時代やその苦しみと向き合った「生々しい体験」は、見てくださった方の心の奥深くに届いたのではないかと思っています。

監修・解説の小川仁志さん。『あさイチ』からのお付き合いはすでに4年になります。事前の打ち合わせでは、「難しくてわかりにくい」「端的に説明したい」といった私たちのわがままを受け入れ、テレビをご覧のみなさんのために、暖かく、粘り強くお付き合いくださいました。

そして、何よりも「室長」を務めてくださった高田純次さんです。スタジオにはゲストが3人いらっしゃいましたが、実は、自分のことを語るよりも「高田さんのように生きるには？」「どうしてそんなに楽しそうなの？」「どうしてそんなに愛されるの？」といった、高田さんの話を聞きたがります。室長が高田さんだからと、出演を決めてくださった方も一人や二人ではありません。

でもトークが始まるとあら不思議、高田さんがつくり上げる雰囲気に包まれて、みなさんディープな話を語り出してくれるのです。半年間お付き合いさせていただいても、高田純次さんの「本当の力」は未知数のまま、恐るべし「テキトー男」です。

哲学者のお面、お悩みイラストなど、すべてのビジュアルを担当してくださったCato Friendさん。なんともいえない素敵な世界観で番組を包んでくださいました。

お面をかぶり、哲学者になりきってくれたスーパーエキセントリックシアターの方々、「お考え」を力強い声で読み上げてくださった谷昌樹さん、艶のあるナレーションで華を添えてくれた守本奈実アナウンサー、絶妙の音楽をつけてくれた音響効果の宮本陽一さん、みなさま、全力で臨んでくださいました。

さて、最後になりますが、高田純次さんを紹介していただき、すべての回の構成を担当した制作会社ノマドのみなさま、番組のリソースや庶務を担ってくれたデスクの小林清美さん、そして、この番組に注目してくださり、企画を通し、私たちのわがままに耳を傾け、一冊の書籍に仕上げてくださったすばる舎編集部の原田知都子さんに、最大の感謝を申し上げたいと思います。

私は自分の気持ちが後ろ向きかなと感じるとき、電車の中で、周りの方の顔を見て、少し元気をもらいます。夜、一杯のビールを飲むとき、自分に仕事があることのありがたさを噛みしめるようにします。二つとも、この番組で教えてもらいました。

NHK制作班

書籍は、テレビと違い、いつも手元に置いてもらえるという素晴らしいアドバンテージがあります。この本をめくることで、みなさまの明日からの生活が、ほんの少しでもいいものに変わるなら、こんなにうれしいことはありませんし、そう願ってやみません。

NHKエンタープライズ 制作本部 情報文化番組 エグゼクティブ・プロデューサー
西ケ谷力哉

NHK 制作班

制作統括

誉田朋子、西ヶ谷力哉

プロデューサー

李フミ子、西山恵子

総合演出

棟方大介

ディレクター

二宮悟
飯田宗城
たなべかつひろ
下条寛子
陰山竜彦
小林俊博
岩元裕子
細原亮太
仲川陽介
岸畑伸悟

編集協力

NHK エンタープライズ
兵藤香

高田純次
（たかだ・じゅんじ）

1947年、東京都生まれ。タレント、俳優。東京デザイナー学院卒業。1971年に「自由劇場」の研究生となるが、1年後イッセー尾形らと劇団を結成。その後4年間のサラリーマン生活を経て、1977年に劇団「東京乾電池」に参加。バラエティ番組『天才・たけしの元気が出るテレビ!!』にレギュラー出演し、全国区で知られるようになる。CMのキャッチコピー「5時から男」で話題となり、その後もテレビやラジオ、CM等、幅広く活躍中。1989年に独立し、株式会社テイクワン・オフィスを設立。著書に、『適当論』（SBクリエイティブ）、『適当経典』（河出書房新社）、『適当日記』（ダイヤモンド社）、『じゅん散歩』（実業之日本社）、他多数。

小川仁志
（おがわ・ひとし）

1970年、京都府生まれ。哲学者、山口大学国際総合科学部教授。京都大学法学部卒業後、伊藤忠商事入社。同社退職後、4年間のフリーター生活を経て名古屋市役所入庁。同市役所に勤務しながら、名古屋市立大学大学院にて博士号（人間文化）取得。徳山工業高等専門学校准教授、プリンストン大学客員研究員を経て、現職。専門は公共哲学。著書に『7日間で突然頭がよくなる本』（PHP研究所）、『哲学カフェ！ 17のテーマで人間と社会を考える』（祥伝社）、『ビジネスエリートのための！リベラルアーツ 哲学』（すばる舎）、他多数。

【小川仁志公式ホームページ】
http://www.philosopher-ogawa.com

NHK Eテレ 世界の哲学者に人生相談 スペシャルエディション

2019年 4月13日 第1刷発行

著 者——高田純次、小川仁志、NHK制作班

イラスト——Cato Friend

ブックデザイン——金澤浩二

発行者——徳留慶太郎

発行所——株式会社すばる舎

東京都豊島区東池袋3-9-7 東池袋織本ビル 〒170-0013

TEL 03-3981-8651（代表） 03-3981-0767（営業部）

振替 00140-7-116563

http://www.subarusya.jp/

印 刷——シナノパブリッシング

落丁・乱丁本はお取り替えいたします

ISBN978-4-7991-0800-0